HSK ZHENTI JIEXI

编制

HSK
ANALYSIS
真题 解析

5级
LEVEL 5

孔子学院总部赠送
Donated by Confucius Institute Headquarters

高等教育出版社·北京
HIGHER EDUCATION PRESS BEIJING

郑重声明

高等教育出版社依法对本书享有专有出版权。任何未经许可的复制、销售行为均违反《中华人民共和国著作权法》，其行为人将承担相应的民事责任和行政责任；构成犯罪的，将被依法追究刑事责任。为了维护市场秩序，保护读者的合法权益，避免读者误用盗版书造成不良后果，我社将配合行政执法部门和司法机关对违法犯罪的单位和个人进行严厉打击。社会各界人士如发现上述侵权行为，希望及时举报，本社将奖励举报有功人员。

反盗版举报电话　　（010）58581897　58582371　58581879
反盗版举报传真　　（010）82086060
反盗版举报邮箱　　dd@hep.com.cn
通信地址　　北京市西城区德外大街4号　高等教育出版社法务部
邮政编码　　100120

图书在版编目（CIP）数据

HSK真题解析. 五级 / 孔子学院总部 / 国家汉办编制. -- 北京：高等教育出版社，2016.2
 ISBN 978-7-04-044349-3

Ⅰ. ①H… Ⅱ. ①孔… Ⅲ. ①汉语－对外汉语教学－水平考试－题解 Ⅳ. ①H195

中国版本图书馆CIP数据核字（2016）第017139号

策划编辑	王　群	责任编辑	杨　曦　王　群	封面设计	彩奇风	版式设计	魏　亮
责任校对	杨　曦	责任印制	耿　轩				

出版发行	高等教育出版社	咨询电话	400-810-0598
社　　址	北京市西城区德外大街4号	网　　址	http://www.hep.edu.cn
邮政编码	100120		http://www.hep.com.cn
印　　刷	大厂益利印刷有限公司	网上订购	http://www.hepmall.com.cn
			http://www.hepmall.com
开　　本	889mm×1194mm 1/16		http://www.hepmall.cn
印　　张	12.25	版　　次	2016年2月第1版
字　　数	266千字	印　　次	2016年2月第1次印刷
购书热线	010-58581118	定　　价	76.00元

本书如有缺页、倒页、脱页等质量问题，请到所购图书销售部门联系调换
版权所有　侵权必究
物料号　44349-00

总监制：胡志平

总策划：段　莉

策　划：李佩泽　张慧君　王　群

主　编：郑丽杰

编　委：（按音序排列）

黄　蕾　李风云　李　玲　李佩泽

李欣蔚　李亚男　刘座箐　鲁　江

马梦莹　Simatova Sofya（俄罗斯）

索兰（俄罗斯）　田作宇　王亚男

王之岭　于　俏　郁葱葱　袁　柯

张海环　张慧君　朱晓花

前 言

汉语水平考试（HSK）以提升汉语交际能力为目标，以"考教结合""以考促教""以考促学"为理念。近年来，通过新版HSK考试大纲、标准教程和课程体系等开发，逐步形成了"教—学—考"三位一体的汉语综合能力提升体系。《HSK真题解析》系列丛书旨在帮助汉语学习者对考试涉及的知识点、语言能力进行总结和考前集中训练，以期在提高汉语能力的同时，在考试中也能取得好成绩，真正实现高分高能。

将试题解析与汉语能力提升相结合，是本系列丛书的主要特点。在解析真题时，本书着重培养考生正确理解考题，快速做出判断和选择，以及运用汉语进行思维的能力。本书汇总了听力、阅读和书写等语言能力学习的重点，使考生有针对性地提高语言能力，并灵活地运用解题技巧，达到举一反三、事半功倍的效果。另外，本书也特别提示了考试中常见的问题，帮助考生拾遗补缺、及时做出调整。

考生使用本书时，可以根据考试日期将学习计划分为三个阶段：了解HSK试题、分项能力训练和考前强化训练，循序渐进地提升语言能力和解题能力。

第一阶段 了解HSK试题	了解听力、阅读、书写三部分试题题型、考查重点、解题技巧和考试对听、读、写各部分语言能力的要求。
第二阶段 分项能力训练	利用真题有针对性地对听力、阅读、书写能力分别进行训练，以达到熟练掌握和运用的程度。
第三阶段 考前强化训练	严格按照考试时间安排，进行整套真题的模拟测试，强化和检验学习效果。

本系列丛书汇集了研发者、命题者、教学者和学习者多方建议，相信一定可以帮助考生切实提升语言能力，掌握答题要领。预祝各位考生取得好成绩！

编者
2015年11月

目 录

第一阶段　了解HSK试题 1

　　关于HSK（五级）考试 2
　　HSK（五级）试题与本书训练目标 2

第二阶段　分项技能训练 3

　　听　力 4

　　　　听力第一部分解析 6
　　　　听力第二部分解析 15

　　阅　读 24

　　　　阅读第一部分解析 26
　　　　阅读第二部分解析 37
　　　　阅读第三部分解析 46

　　书　写 63

　　　　书写第一部分解析 65
　　　　书写第二部分解析 70

第三阶段　考前强化训练 75

　　HSK（五级）真题试卷解析（一） 76
　　HSK（五级）真题试卷解析（二） 130
　　HSK（五级）答题卡 185

# 第一阶段

了解HSK试题

关于HSK（五级）考试

HSK（五级）试卷结构			考试时间	分数
填写个人信息			5分钟	/
听力 （45题）	第一部分20题	听对话回答问题	约30分钟	100分
	第二部分25题	听后回答问题		
填写答题卡			5分钟	/
阅读 （45题）	第一部分15题	选词填空	45分钟	100分
	第二部分10题	读语段选择正确选项		
	第三部分20题	读篇章回答问题		
书写 （10题）	第一部分8题	完成句子	40分钟	40分
	第二部分2题	写短文		60分
总计（100题）			约125分钟	300分

HSK（五级）试题题型与本书训练目标

HSK（四级）试题题型			本书训练目标
听力 （45题）	第一部分	听对话回答问题 20题	**细节关注力：** 听前预测，找解题细节信息，准确理解。
	第二部分	听后回答问题 25题	**总结推理能力：** 跳过障碍找出重要信息，总结大意，推断主题。
阅读 （40题）	第一部分	选词填空 15题	**词语推理能力：** 根据认识的汉字推测新词的词义。
	第二部分	读语段选择正确 选项 10题	**快速查找细节信息能力：** 快速浏览选项，在短篇中找到对应的细节，抓住短句的重点信息。
	第三部分	读篇章回答问题 20题	**快速阅读理解能力：** 快速浏览文章，根据语境推测词义，利用重要信息整体理解。
书写 （15题）	第一部分	完成句子 8题	**词语运用能力、使用基本句式能力：** 准确理解词义，正确使用词语和基本语法。
	第二部分	写短文 2题	**词义理解及联想、词语搭配及使用、成段表达能力：** 通过词义或图片联想语境、构建主题，运用词语和语法知识准确完整地叙述和表达自己的观点。

第二阶段

分项技能训练

温馨提示：
先按照考试时间进行自测，再看解析，会提高得更快。

　　听力考查的是对听到的信息进行理解的能力，这与汉语日常交际中"听"的目的一样。在HSK（五级）考试准备中，考生需要重点练习如何在听的过程中跳过障碍、快速获取需要信息的能力；同时，也要训练快速辨识试卷上看到的信息并进行推理的能力。这样，才能快速理解题意，做出正确回答。

　　HSK（五级）听力录音的语速是160—170字/分钟，接近中国人的正常语速，试卷上没有拼音。HSK（五级）词汇量是2 500个，重点考查在HSK（四级）基础上新增的1 300个词语。建议考生在训练听力的过程中学习和巩固这些词语，但在练习时不要先查字典或翻译生词，应培养根据上下文推断词义的能力，在完成练习后再对生词进行总结。同时，考生还需要注意积累近义词、反义词和特殊表达方式。除了扩充词汇量以外，在中高级阶段也需要积累必要的中国文化常识。

重点和难点	语速	160—170字/分钟，接近中国人正常语速
	重点	结合看到的信息理解听力内容
		根据话题内容理解对话细节及含义
	难点	快速辨识相关信息，辨认汉字，理解词义，注意推断人物及逻辑关系
考查内容	考 ✓	整体理解，辨识重要的细节信息
	不考 ✗	记忆力，计算能力，语音辨析，听懂每个字
训练技能	听懂大意，获取重要的细节信息	
	利用看到的选项信息预测推理	
	联系上下文，推断词义	
	善用技巧进行合理推断	
词语学习方法	克服词语难点	
	练习"猜词"能力，利用学过的词语理解新词	
	积累近义词、反义词和特殊表达方式	
	注意学习和总结生词，并勤于积累文化常识	

听力 第一部分 解析

　　HSK（五级）考试听力第一部分，重点考查关注细节的能力，要求考生快速辨识并准确理解对话中的重要细节。在练习中，应通过对卷面已知信息的分析，先就对话中可能会出现的重要细节进行预测，然后在听录音的过程中找出这些细节，做出合理的选择。

扫描二维码，🎧 16—24
http://2d.hep.cn/44349/1

题型特点

❶ 题型

从试卷A、B、C、D四个选项（一般2—10个字）中选出正确答案。

❷ 数量

共20题。

❸ 内容

听男、女两个人的对话（一问一答）和一个问题。

学习重点

听录音前	看选项，预测问题。
听录音时	听细节，结合语境判断。其中，细节通常包括数量、时间、地点、人物身份、目的、原因等。

常见问题

❶ 不看选项

听录音时没有目标，错过和选项有关的细节信息。

❷ 不会预测

没有及时预测，在听到最后的问题时才发现错过了录音中的具体信息，无法理解说话人的真实想法。

❸ 没听问题

没有认真听最后的提问，不能区分出哪个选项是相对应的信息。

解题技巧

❶ 看选项，猜问题

A、B、C、D四个选项是重点，听录音前需要快速阅读选项，预测问题可能是什么，带着目标去听，就可以从较长的对话中听到有用的信息。

常见提问方式

做什么　为什么　什么时候　怎么样　怎么了　怎么做
谁做的　在哪儿

训练技能

- 对汉字的快速反应能力；
- 汉语的听辨能力，快速找到对应的细节信息；
- 推理及理解能力。

第二阶段 分项技能训练

1. A 调高音量　　　B 调大字号　　　C 换种字体　　　D 换个背景

   男：怎么样？坐在最后一排能看清幻灯片上的字吗？
   女：不行，有点儿模糊，你得把字号调大一些。
   问：女的建议怎么做？

   B 根据"把字号调大一些"，选择B。
   调：动词，常用结构"调+形容词"，如：调高、调低、调大、调小、调快、调慢。

2. A 很刺激　　　B 很安全　　　C 非常有趣　　　D 十分痛苦

   男：你胆子真小，连过山车都不敢坐。
   女：那个太刺激了，我怕我的心脏受不了。
   问：女的觉得坐过山车怎么样？

   A 根据"太刺激了"，选择A。
   受不了：不能忍受了，如：两个星期不洗澡？我受不了。

3. A 腰　　　　　B 脑袋　　　　　C 后背　　　　　D 脖子

   男：早上起来感觉脖子和肩膀又酸又痛的。
   女：估计是你昨晚睡觉的姿势有问题。
   问：男的哪里不舒服？

   D 根据"脖子和肩膀又酸又痛"可以知道脖子不舒服，选项里没有肩膀，所以选择D。

4. A 合同签完了　　B 资金到账了　　C 方案通过了　　D 男的升职了

男：告诉大家一个好消息，咱们的设计方案通过了。
女：太好了，那我们可得好好庆祝一下。
问：女的为什么说要庆祝一下？

A 根据"设计方案通过了"可知A正确。
可：表示强调，如：那个明星可帅了！

5. A 过敏了　　　B 烫伤了　　　C 喝醉了　　　D 晕倒了

男：你的脸怎么了？红了这么一大片。
女：别提了，化妆品过敏，这两天正抹药呢。
问：女的怎么了？

A 根据"过敏"可推断答案是A。
抹药：动词，在伤口上用药。

❷ 结合语境，关注对话中的细节

从A、B、C、D四个选项中找不到重点时，在听录音时就需要利用对话内容、说话人的语气等来理解考查重点。一边听一边分析选项，排除错误或者无关的信息。

听录音的同时，可以想一想这些问题

说话人在哪儿？
主要谈的是什么？
说话人的语气态度怎样？
是同意还是反对？
是轻松、愉快的还是不满、为难的？

> **需要关注的细节**
>
> 数字　时间　地点　人物身份　语气

> **常见的提问方式**
>
> 关于……哪个正确　男的（女的）是什么意思　最可能的是什么

> **训练技能**
>
> - 推断能力；
> - 抓取细节的能力。

🎧 6.　A 车的售后服务　　　　　　B 保险赔偿问题
　　　C 开咨询公司的事　　　　　D 给新车上保险的事

　　男：你的新车上保险了吗？

　　女：还没有，我正想向你咨询这件事呢。

　　问：他们在谈什么？

D　根据"上保险"和"咨询这件事"，选择D。C虽然有"咨询"，但对话内容不是"开咨询公司"，所以不对。A、B在对话中没有提到，所以排除。

🎧 7.　A 台阶很窄　　B 台阶很滑　　C 男的摔倒了　　D 雨一直在下

　　女：别跑，刚下过雨，台阶很滑，小心别摔倒了。

　　男：放心吧，不会摔倒的。

　　问：根据对话，下列哪项正确？

| **B** | 根据"台阶很滑"和"放心吧",B正确。根据"下过雨"可以排除D;根据"不会摔倒"可以排除C;A在对话中没有提到,所以排除。 |

🎧 8. A 周一闭馆　　　　　　　　B 需要预约
　　　C 门票比较贵　　　　　　　D 对参观人数有限制

男:你去军事博物馆了?门票贵吗?
女:那儿是免费开放的,不要门票,不过得提前预约。
问:关于军事博物馆,可以知道什么?

| **B** | 根据"得提前预约",B正确。根据"免费,不要门票"可以排除C,A、D在对话中没有提到,所以排除。 |

提前:动词,如:明天是国庆假期,今天提前1小时下班,大家早点儿回家吧。

🎧 9. A 做实验　　　B 看戏剧　　　C 听讲座　　　D 参加开幕式

女:周六我们中心要举办一场汉语讲座,你有没有兴趣来听听?
男:好啊,你帮我留两个位置吧,我想带个朋友一起去。
问:男的周六要去做什么?

| **C** | 根据"汉语讲座"和"带朋友一起去",C正确。A、C、D在对话中没有提到,所以排除。 |

🎧 10. A 胡同的名字很长　　　　　B 女的曾经在那儿住过
　　　C 男的想去下一个景点　　　D 那条胡同有几百年的历史

11

第二阶段 分项技能训练

女：我们接下来要参观的这条胡同，已经有三百多年的历史了，这期间有许多名人在这里居住过。

男：是吗？都有哪些名人在这儿住过？胡同的名字有什么来历吗？

问：根据对话，下列哪项正确？

D 根据"有三百多年的历史了"，D正确。这是一位女导游正在跟游客介绍下面要参观的一条胡同。

根据"很多名人在这里居住过"可以排除B，胡同的名字导游没有回答，排除A。C对话中没有提到，所以排除。

❸ 通过听到的问题，概括对话内容，进行合理推断

除了看选项、听对话以外，还应注意问题问的是什么。和你预测的是否一样，尤其对话是男女两个人，所以要注意问题问的是"男的"还是"女的"的情况。另外，如果录音内容比较难，生词也不太好理解，就更需要听清楚最后的问题，利用已知信息来概括推理整段话。对问题的理解有时也可以帮助我们从整体理解内容。

训练技能

通过总结概括及合理推断进行整体理解的能力。

11. A 时间很紧　　　　　　B 书非常无聊
　　C 还没看内容　　　　　D 书已经还给老师了

女：上周老师推荐的那本书你看了吗？

男：还没有，我只翻了一下目录。

问：男的是什么意思？

C 根据"还没有"可以排除D，A、B都没有提到，可以排除。"只翻了一下目录"就是只看了一下前面的每部分的名字，还没看内容，所以C正确。

推荐：动词，如：能给我推荐几部好看的电影吗？

12. A 开门　　　　B 修锁　　　　C 找钥匙　　　　D 搬家具

女：门是不是锁上了？怎么打不开？

男：没有，那个门有点儿紧，你得使点儿劲儿才能推开。

问：女的在做什么？

A 女的在问为什么打不开门，男的告诉她"得使点儿劲儿"可以知道女的正在开门，所以A正确。B、C、D在对话中没有提到，所以排除。

13. A 课太多　　　　　　　　B 学习太忙
    C 有别的事情　　　　　　D 担心不能胜任

女：今年咱们系的新生报到工作，是你负责吗？

男：本来是，但我临时有事，就换成小李了。

问：男的为什么不负责那项工作了？

C "临时有事"意思是不是以前安排的，是突然有别的事情，C正确。A、B、D在对话中没有提到，所以排除。

本来："原来"的意思，如：他本来没想买，但是尝了一下以后，觉得很好吃，所以就买了两个。

14. A 机场　　　　B 银行　　　　C 宾馆　　　　D 俱乐部

男：你总算到了，再过十分钟就不能办理登机手续了。

女：对不起，路上堵车，还好赶上了。

问：他们最可能在哪儿？

A "总算到了"意思终于到了，根据"办理登机手续"和"赶上了"可以知道他们虽然堵车，但是赶上办登机手续了，可以知道现在在机场，所以A正确。另外，从意思看，他们或者在路上或者在机场，B、C、D都不符合逻辑，也没有提到，所以排除。

总算：终于，很不容易，如：这本书我看了三个月，总算看完了。

15. A 胃疼　　　　　　　　B 想减肥
C 胃口不好　　　　　　D 不爱吃蔬菜

女：这两天太热了，吃什么都没胃口。

男：那晚上我炒个苦瓜吧，既消暑又开胃，保证你有胃口。

问：关于女的，下列哪项正确？

C 根据女的"吃什么都没胃口"意思是什么东西也不想吃，所以C正确。

A、B、D在对话中没有提到，所以排除。

既……又……：一对常用关联词，如：这家饭馆的菜既好吃又便宜。

听力 第二部分 解析

　　HSK（五级）听力考试第二部分，主要考查总结推理能力，即根据卷面和录音中的信息，总结、概括出整段话的主题，要求考生熟练运用分类、综合、推理、归纳等方法，整体把握段落大意。在练习过程中，还应注意培养听、记关键信息的能力。汉语听、记能力是学习汉语和使用汉语进行其他学科学习时必备的重要能力。

题型特点

扫描二维码，🎧 1–15
http://2d.hep.cn/44349/2

❶ 题型

从试卷A、B、C、D四个选项中选出正确答案。

❷ 数量

共25题。

❸ 内容

前10题，每题听一段对话（共4句）和一个问题；后15题，听6段短文，每段短文后有2—3个题。

学习重点

关注要点

快速看选项，预测问题，听找话题的重点。

| 概括主题 | 在听录音的过程中要有意识地总结话题的中心内容是什么，不断地问自己"主要说的是什么？" |

| 整理分类 | 整理、分类录音中提到的内容，特别是对说明、议论的内容要根据话题主动猜测，判断出哪些是说话人表达的主要内容和观点。|

常见问题

❶ 错过重要信息

没有听到录音的第一句话和最后一句话，错过了重要信息。

❷ 遇到难词，没有信心

听到很难的生词就不继续听了，由于没有信心而错过了简单但重要的信息。听力内容较多时，生词越难越要继续听。

❸ 不能利用选项和信息进行推理

听录音时不能利用选项和简单信息进行分类、推理和归纳，所以虽然听懂了一些词语和句子，但是没有总结出主要内容和观点。

解题技巧

❶ 关注第一句话和最后一句话，并注意话题的转移。

| 关注点 | 无论是做HSK考试题还是在日常生活中，我们都需要关注重要的信息，特别是第一句话和最后一句 |

话，常常是话题的关键点。本部分听力考试的第一句话和最后一句话也经常是对话的关键点。

解题方法 注意不要因为过于集中精力看试卷上的信息，而导致没有听到录音中的有效信息。特别是从一个话题转移到另一个话题时，所以要合理安排时间，适应听力的解题节奏，不要忽略了每段对话的第一句和最后一句。

训练技能
- 快速反应能力：听录音的同时要快速寻找解题所需要的有关信息；
- 对汉字的辨识能力；
- 对词语的听辨理解能力。

16. A 胳膊受伤了　　　　　　　B 腿没完全好
　　C 要马上做手术　　　　　　D 不愿接受治疗

男：你的腿恢复得不错，不过还要继续配合治疗。
女：那我什么时候能不用拐杖？
男：别急，还得一段时间，你下月来复诊，我再看看。
女：好的，谢谢您。
问：关于女的，下列哪项正确？

B 这是一位医生和病人的对话，"还要继续配合治疗"意思是腿还没完全好，所以B正确。男的让女的"下月来复诊"就是下个月再做个检查，女的回答"好的"可以知道她愿意接受治疗，排除D；A、C在对话中没有提到，所以排除。

17. A 内部培训　　　B 部门调整　　　C 工资待遇　　　D 生产规模

女：王总，这是关于部门调整的文件，您看看。
男：已经征求过各部门的意见了？
女：是，这是修改过的。
男：好，先放我桌上吧。
问：文件是关于哪方面的？

B 第一句"这是关于部门调整的文件"，所以B正确。A、C、D在对话中没有提到，所以排除。

征求：动词，如：向A征求意见。

18. A 停电了　　　　　　　　B 网速很快
C 网址错了　　　　　　　D 软件没下载下来

男：那个软件你下载了吗？
女：没，你给我的链接打不开，没办法下。
男：不会吧，是不是你的网络有问题？
女：我也不清楚，一会儿我再试试。
问：根据对话，下列哪项正确？

D 根据"没办法下"和"一会儿我再试试"可以知道还没下载下来，D正确。A、B、C在对话中没有提到，所以排除。

❷ 通过自问自答得到重要信息，理解主题。

关注点 	无论是两个人的对话还是一个语段，听别人谈论一件事或者讲述一个故事时，我们都要理解主题。
解题方法	跳跃生词障碍，鼓励自己听不懂也要继续听下去，注意是什么人、什么时间、在哪儿、发生了什么事、事情的原因和结果，以及解决问题的办法是什么等。边听边给自己提问，对比选项进行排除或确定。
训练技能	• 快速反应能力：听录音的同时要快速寻找解题所需要的有关信息； • 对汉字的辨识能力； • 对词语的听辨理解能力。

19. A 操场　　　　B 酒吧　　　　C 宿舍　　　　D 健身房

女：您是第一次来我们这儿吧？

男：对，我想看看有什么**运动**适合我。

女：这儿有详细介绍，您看一下。另外，我们还可以根据您的需要，**制定专门的健身课程**。

男：好，我先看看。

问：他们现在最可能在哪儿？

D 根据"运动""制定专门的健身课程"，D正确。这是男的第一次来健身房，女的给他介绍课程。

20. A 活动多　　　B 会下象棋　　C 快退休了　　D 喜欢摄影

男：小高，你爸退休了吧？突然闲下来，他能适应吗？

女：我看他比以前上班还忙，没事就去爬山、打太极，**活动可多了**。

男：这是好事啊。

女：是，既锻炼了身体，又不会觉得无聊。

问：关于小高的爸爸，可以知道什么？

A 根据"活动可多了"，A正确。"他比以前上班还忙"意思是退休后比上班还忙，排除C；B、D在对话中没有提到，所以排除。

21. A 退款　　　B 贷款　　　C 汇率　　　D 利息

男：我刚提交了退款申请，请问多久才能通过审核？

女：我们会在四十八小时内通知您处理结果的。

男：那申请通过后，立刻就能收到退款吗？

女：是，钱会退回到您付款用的账户中。

问：男的在咨询什么事情？

A 根据对话，两个人一直在讨论的是"退款"，男的想要退款，女的是银行客服人员，她在给男的解释退款的事情，A正确。

申请：提交申请、通过审核、通过申请。

❸ 明确观点，对已知内容充分理解、分类。

关注点 	可以利用选项预测关注的重点。
解题方法	词汇量有限、语言能力不足的情况下要积极猜测，通过整理、分类不同的观点和态度，努力理解说明、评价、议论的内容。
训练技能	• 对重点的猜测能力； • 理解观点或者态度的能力，对观点进行整理和分类。

22. A 竞争太激烈　　　　　　B 销售任务多
　　C 经理状态很好　　　　　D 经理也有责任

某公司这个季度的销售业绩不佳，经理生气地对员工说："我们的团队就是支球队，多进球是我们的任务。但你们太让我失望了，如果以后销售额还是这么低，我就把你们都解雇了。"沉默了几秒钟后，一个销售人员突然说道："如果整支球队状态不佳，通常不是该换个教练吗？"
问：销售人员的话是什么意思？

D 两个人的对话是故事的重点，说话人的语言可以表达他的态度。经理说"如果销售额低，我就把你们都解雇了"，他觉得业绩不好是员工做得不好，要辞掉业绩不好的员工。销售人员用了球队的例子说明，教练是影响整支球队的主要人物，球队打得不好，常常换教练。在这里的意思是"业绩不好，教练也有责任，应该换掉的是教练"，D正确。

销售是否激烈、任务多少都没有提到，所以排除A、B；根据"经理生气地……"可以排除C。

23. A 动物的生活习惯　　　　　　B 气候变暖的原因
    C 动物也能预报天气　　　　　　D 气候对人类的影响

我们一般靠收听天气预报来了解天气状况，其实，有些动物也能告诉我们天气情况。

青蛙被誉为动物界的"活晴雨表"。当空气干燥时，青蛙皮肤水分的蒸发快，它就会呆在水中不出来；而在多雨季节，包括下雨前空气中水分较多时，它就会跳出水面。

麻雀同样对天气变化很敏感。冬季，如果麻雀回巢时，嘴里叼着杂草、种子之类的东西，就表明麻雀在囤积食物了，一般三到五天内会有降雪；而夏秋季节，如果麻雀飞到水浅的地方洗澡散热，则表明一两天内会有降雨，如果是大群麻雀在洗澡，则预示未来几天有大到暴雨。

问：这段话主要谈的是什么？

这篇文章开头第一句"……天气状况，其实有些动物也能告诉我们天气情况"下面讲了青蛙、麻雀等动物与天气的关系，所以C正确。A动物的生活习惯虽然讲了，但是不是这段话的重点，所以排除A；B、D在对话中没有提到，所以排除。

24. A 少吃快餐　　　　　　　　B 注意营养
　　C 装修要环保　　　　　　　D 别在快餐店等人

　　快餐店给我们的印象一般是座位多、效率高、分布广，所以很多人喜欢约朋友在那儿见面。但其实快餐店并不适合等人。这是因为快餐店的装潢多以桔黄色或红色为主，这两种颜色虽有使人心情愉悦、增进食欲的作用，但也会使人感觉时间漫长，如果我们一直在那样的环境中等人会很容易烦躁。

问：说话人有什么建议？

D 根据"但其实快餐店并不适合等人"可以知道作者的意思是不要在快餐店等人，D正确。

"但其实"这样的词后面的句子常常是文章的重点，这篇文章主要讲了快餐店装修颜色的影响，A、B在对话中都没有提到，所以排除。C虽然有"装修"，但是文章没有讲"环保"，所以排除C。

HSK（五级）阅读主要考查的是对词汇的理解能力和对语段进行阅读理解的能力，重点关注同类词语的应用和语言逻辑，不考查汉语之外的常识。考生须重点练习区别同类词语、理解语段主题、联系上下文进行推断和快速浏览获取所需信息的技巧。

HSK（五级）阅读部分要求的阅读速度是120—130字/分钟，第一部分主要关注重点词语的区别和应用以及语言的内在逻辑，考生应根据语境和上下文选择词语，学习时须特别注意词语的搭配。第二部分和第三部分主要考查细节查找和长段阅读能力，建议考生在练习时不要查字典，提高跨越生词障碍快速阅读、把握主题的能力。

重点和难点	阅读速度	120—130字/分钟
	重点	提高阅读速度和理解的准确性
	难点	同类词语的使用和区别，快速阅读时把握语言逻辑
考查内容	考 ✓	阅读理解，词语应用、语言逻辑推理
	不考 ✗	常识
训练技能	词语应用	
	语言逻辑推理	
	理解语段主题，联系上下文推断，快速浏览语段获取所需信息	
词语学习方法	练习时不要查词典或翻译生词，练习后再学习和总结生词	
	练习"猜词"能力，注意词语使用的语境和固定搭配	

阅读 第一部分 解析

HSK（五级）阅读第一部分，重点考查词语的积累、同类词汇的区分和准确运用的能力，根据给出的段落选择合适的词语或断句。阅读水平的提高重点在于练习对同类词语的理解和区分能力、联系上下文的推断理解能力。这不仅要积累词汇量，还要能够辨析同类词汇的用法和意义，所以考生在复习中重点要增加词汇量，同时加强对同义词、近义词的学习，注意词语的常用结构或固定搭配。

题型特点

❶ 题型

给出一篇短文，选词或短句填空。

❷ 数量

共4篇，每篇短文有3—4题，共15题。

❸ 内容

选项词语主要是动词、名词、形容词，大部分是五级新增词，少量四级词，同一题中选项的词性基本一致。

学习重点

积累生词　积累生词及其重要用法和搭配、辨析近义词，学会利用已知的汉字或词语推测词义、培养词语的推理能力。

理解语境　结合语境理解句子或者对话的意思，找到与填空部分搭配合适的词语或短句。学习中要注意熟悉中国人的表达习惯。

常见问题

❶ 混淆近义词

对近义词有恐惧感，不能通过学过的汉字推测生词意思，容易放弃。

❷ 不读句子

不认真读句子，只是大概浏览，不能结合语境理解句子的意思，没有联想有关的词语搭配。

❸ 缺少联想能力

遇到生词就很紧张，不能利用排除难点的方法进行合理猜测。

解题技巧

❶ 跳跃生词障碍

了解句子大意，注意空格前后出现的搭配，猜测需要补充词语的词性及意义。

❷ 分析选项词语

注意词义、常用搭配或固定搭配，对于不认识的生词可以结合学过的汉字进行大胆推理。

❸ 对选项中的近义词进行辨析

使用排除法，选出答案。另外，联系上下文，理解文章逻辑，选择语意通顺的短句。

❹ 在做题中可以先选择比较容易理解的题目

把难题留在最后做。在确定了有把握的答案之后，再最后确认剩余题目的答案。

训练技能

- 词语辨析能力，词语的准确应用能力；
- 理解文章的逻辑，文章的整体理解能力。

第1—3题：请选出正确答案。

有一杆秤，主人对它很器重，时间长了，它也觉得自己十分了不起，便渐渐 1 起来，吹嘘自己知道世间一切东西的重量。起初大家都不愿意与它争辩，终于有一天，一个被它称过重的土豆实在 2 了，问它："你知道你自己的重量吗？"秤一下子哑口无言了。

我们总喜欢衡量别人的优劣，却常常 3 自己的好坏。其实，我们只有更清楚地认识自身，才能以公平的眼光去看待其他事物，从而赢得别人的认可与尊重。

1. A 夸张　　　　B 骄傲　　　　C 神秘　　　　D 乐观

B 这是一道**形容词辨析**题。根据前后句可知，这杆秤觉得自己非常了不起，喜欢"吹嘘"，所以是一种让人不喜欢的"骄傲"的表现，所以选择B。

夸张：言过其实，说的超过了实际的情况。

神秘：太高深了，让人猜不透，比如神秘的科学技术。秤一直向别人吹嘘，所以它的能力大家都了解了，一点儿也不神秘。

乐观：精神愉快，对事情的发展充满了信心。

2. A 忍不住　　　B 舍不得　　　C 不要紧　　　D 不见得

A 这是一道**动词短语辨析**题。从"终于有一天"可以知道，大家对秤的"吹嘘"的做法忍受了很长时间了，所以，土豆再也"忍不住"了，跟它进行争辩，A正确。

舍不得：因为很爱惜，所以不想离开或者不愿意使用，如：妈妈舍不得孩子出远门；妈妈舍不得花钱。

不要紧：没关系，不严重。

不见得：不一定。

3. A 忽视　　　　B 怀念　　　　C 抱怨　　　　D 计算

A 这是一道**动词辨析**题。根据短文，很多人跟这杆秤一样，总是在说别人，却不知道自己的"重量"，不能清楚地认识自己，忽视了自己的好坏。A正确。

怀念：思念，想念。

抱怨：埋怨；或因为不满意，所以说别人的不对。在意思上，可以抱怨自己"坏"的方面，但不会抱怨"好"的方面。

计算：有两种意思，一是用数学的方法来算一下；二是暗中想法损害别人。

4—7.

有个人射箭本领高超，被人们称为"神箭手"。一天，国王召他入宫表演射箭。国王说："射箭前，我们定个赏罚 4 ：如果你能一箭射中靶心，我就赏你黄金万两；如果射不中，我就取消你'神箭手'的称号。" 5 ，神箭手的呼吸变得急促起来，拉弓的手也开始微微发抖。箭射出去后钉在了离靶心足有几寸远的地方，神箭手的脸色一下子变得苍白起来。他不甘心，再次弯弓搭箭，精神却更加不 6 了，这一次，箭离靶心更远了。

无论做什么事，只有把成败得失置之度外，才能发挥出自己正常的水平。任何患得患失、过分计较结果的行为都会成为我们成功路上的障碍， 7 ，保持一颗平常心，会使我们更容易达到目标。

4. A 规则　　　　B 标志　　　　C 样式　　　　D 理论

Ⓐ 这是一道**名词辨析**题。根据短文，国王跟神射手要制定的如何赏及如何罚的规定，因此，选"A规则"。

标志：表明特征的记号，如：地图上有各种形式的标志。

"理论"是指人们由实践概况出来的关于自然和社会的知识的总结。

5. A 被国王表扬后　　　　　　B 想到这一箭关系重大
C 观众们纷纷鼓掌祝贺　　　　D 发现国王根本不在乎后

B 本题考查的前后文联系和逻辑。神箭手在射箭之前，国王给他定下的赏罚规则是：两万黄金或者取消"神箭手"称号，这两个方面对神箭手来说，都是非常重要的。因此，在想到射这一箭的后果，神射手"过分计较结果""患得患失"，他开始紧张起来。B正确。

国王跟神箭手说的是"赏"和"罚"，没有说箭手的射箭技术如何，没有"表扬"，排除A。神箭手在皇宫里射箭，我们无法得知是否有别的观众，更无法得知他们是不是鼓了掌，与题意无关，排除C。国王把他招进皇宫，并制定了赏罚规则，这说明国王是非常在乎的，排除D。

6. A 坚持　　　B 配合　　　C 集合　　　D 集中

D 这是一道**动词辨析**题。在这四个词中，只有"集中"可以和"精神"搭配。D正确。

坚持：指坚决保持、维护或进行，如：坚持原则、坚持工作、坚持己见等，与"精神"不能搭配使用。

集合：许多分散的人或物聚在一起，如：全校的同学已经在操场集合了，不能和抽象名词搭配。

第二阶段 分项技能训练

7. A 相反　　　　B 除非　　　　C 从此　　　　D 否则

A 本题考查的是**连词辨析**和**逻辑**。前面说"患得患失、过分计较结果的行为都会成为我们成功路上的障碍",所以,这种行为是不会带来成功的;但是后面说"保持一颗平常心,会使我们更容易达到目标",取得成功。很明显,前后是一种转折关系。四个词中,A和B都能表达转折关系,但是B的"除非"后面要搭配"才"或者"否则",后句中没有,所以排除B,选择A。

从此: 表示一种顺承关系,如:他开始努力学习了,从此,成绩越来越好。

否则: 表示"如果不这样,那么……"的意思的连词,如:早点儿出发,否则会迟到。

8—11.

俗语说"笑一笑十年少,愁一愁白了头"。这句话隐含了一个 __8__ :人的**情绪**和**健康**有着十分密切的关系。__9__ 。据研究,笑对人体有许多好处,如增加肺活量、清洁呼吸道、消除神经紧张、__10__ 精神**压力**等;而**不良的情绪**,例如**过度**焦虑、抑郁等都会 __11__ **损害人的健康**。因此,我们每个人都应注意调节自己的情绪,为学习、工作和生活营造一个良好的心境。

8. A 证据　　　　B 疑问　　　　C 教训　　　　D 道理

D 这是一道**名词辨析**题。这篇短文的观点是:"人的情绪和健康有着十分密切的关系",这个观点从"笑一笑十年少,愁一愁白了头"这句俗语中就可以反映出来。所以,这句俗语是提出后面观点的一个依据,只有"道理"可以表示事情或论点的是非得失的根据或理由、情理。D正确。"证据"是指能够证明某事物的真实性的有关的事实或者材料。如果选择A，则俗语是一种事实，而后面说"人的情绪和健康有着十分密切的关系"是观点，这在逻辑上存在矛盾，不符合题意，排除A。

疑问：有怀疑的问题，或不能确定或不能解释的事情。

教训：从错误或者失败中取得的知识。

9. A 睡眠不足的人容易疲劳　　　B 身体健康会让人精神愉悦
   C 良好的情绪可以防病治病　　D 心理疾病会扰乱人们的生活

C 本题考查的是**逻辑**。这篇短文讨论的是"情绪"和"健康"的关系，从下文的"笑对人体有很多好处"和"不健康的情绪会损坏人的健康"正反两个方面可以看出，主要是谈了"情绪"对"健康"的影响。从"笑对人体有很多好处，如……消除神经紧张"可以知道，好的情绪可以让人健康，预防疾病。C正确。

"身体健康会让人精神愉悦"是说"健康决定情绪"，与题意矛盾，排除B。A和D与题意没有关系，可以排除。

10. A 缩短　　　B 减轻　　　C 消失　　　D 失去

B 本题考查的是**动词辨析**和**动词搭配**。四个词语中，能和"压力"搭配的只有"减轻"，表示减少重量或程度。本来压力很大，因为"笑"的作用，压力不太大了，因此，符合题意，B正确。

缩短：使原有的长度、距离、时间变短。

消失： 人或事物逐渐减少以至没有，不复存在，"消失"的后面不能带其他词语，只能说某人或某事物消失了，如：彩虹消失了。

失去： 失掉，没有了。如：失去感觉、失去亲人。

11. A 严重　　　B 全面　　　C 明确　　　D 紧急

A 这是一道**形容词辨析**题。"不良的情绪"会"损害人的健康"，题意是完整的，所以，此处填写的词语是用来修饰和限定"损害人的健康"的形容词。从"过度"这个词可以判断这种"损害"不是一般的，是很"严重"的。A 正确。

全面： 从各个方面，不只是一个方面。

明确： 清晰、明白，不改变的。如：目的明确、明确表示态度。

紧急： 必须马上采取行动，不能耽误的，如：紧急情况、紧急通知。

12—15.

动物学家把斑马身上黑白相间的花纹称为斑马纹。斑马纹究竟有什么作用呢？一是 12 地掩护自己。动物学家发现，在广阔无边的大草原上，**三公里开外的**斑马群由于斑马纹的掩护而与周围的杂草、灌木丛融为一体，使许多猛兽无从分辨，但处在同样 13 的鹿群和野羊群却"显而易见"。斑马纹的第二个作用是使敌人炫目。成群结队活动的斑马会制造出一种令人头昏眼花的效果，虽然这种效果 14 的**时间极短**，但这短短一瞬间也足够**斑马逃生**了，等敌人"清醒"过来时， 15 。

12. A 巧妙　　B 平均　　C 稳定　　D 幸运

A

这是一道**形容词辨析**题。"巧妙"表示（方法或技术等）灵巧高明，超过平常的，如：巧妙的办法。从下文可以得知，斑马纹有两种作用，一是"使许多猛兽无从分辨"；二是"使敌人炫目"。由此可见，这是一种很不一般的掩护自己的办法，"巧妙"符合题意。A正确。

平均：没有轻重或多少的分别，如：平均发展。

稳定：没有变动的。

幸运：运气特别好的。

13. A 地址　　B 地理　　C 距离　　D 表面

C

这道题考查的是**名词辨析**和**信息检索**。"鹿群和野羊群"也"处在同样的"环境中，四个选项都不是。再看前面，"三公里开外的斑马群"，显而易见是说的"距离"。C正确。

地址：（人或团体）居住或者通信的地点。

地理：全世界或一个地区的气候、山川等自然环境，词义范围较大。

表面：物体跟外界接触的部分，如地球表面。

14. A 继续　　B 持续　　C 保存　　D 流传

B

这是一道**动词辨析**题。短文说"成群结队活动的斑马会制造出一种令人头昏眼花的效果"，这种效果只有"短短一瞬间"，说明时间不长，也就是"持续"的时间很短。B正确。

继续：（活动）连下去，不间断，如继续工作、继续不停。一般不用作定语。

保存：使事物、性质、意义等继续，不受损失或不发生变化，如：保存古迹、保存实力。

流传：传下来或传播开，如：故事流传、消息流传。

15. A 便会躲藏起来　　　　　　B 开始奋力追逐斑马群
C 斑马群最终取得了胜利　　　D 它们早已跑到数十米外了

D 这道题考查的是**逻辑**。斑马线的第二个作用是使"猛兽"们"头晕眼花"，虽然时间短，但是斑马可以"逃生"（逃跑或跑开），从而躲避危险。从前后逻辑来看，等敌人清醒了，斑马们应该早就跑开了。D正确。

想"在广阔无边的大草原上"躲藏起来是很不可能的，可排除A。短文后半部分是说斑马如何借助斑马纹逃生，话题是斑马，不是猛兽们，因此排除B。短文并没有明确指出斑马逃生以后，是否能生存下来，所以，不能说"最终取得了胜利"，排除C。

阅读 第二部分 解析

　　HSK（五级）考试阅读第二部分，重点考查快速浏览语段获取所需信息的能力。考生须在规定的时间内快速阅读，找到文章细节，准确理解语段的主题，利用文章中的具体信息做出正确判断。另外，如果对中国历史、地理、名人轶事、风土人情等背景知识有所了解，可加快阅读速度并提高准确率。

题型特点

❶ 题型
从A、B、C、D四个选项中选出与试题内容一致的一项。

❷ 数量
共10题。

❸ 内容
每段话3—4行，最长选项不超过15个字，没有提问。

学习重点

分析选项
根据选项分析当题的考查点，如考查细节、理解能力、主题等。

37

| 理解 推测 | 注意对比选项中的关键词，利用关键词合理分析、推测，理解同一种意思的不同说法，即相同语义的不同表达。 |

| 归纳 主题 | 根据文中的相关信息，总结归纳出阅读内容的主题。 |

❗ 常见问题

❶ 生词干扰

在句子中因为个别生词的影响不能继续读完整段内容，不能采用快速跳读提高整体理解能力。

❷ 忽视细节

在阅读中没有利用问题或选项中的关键词，不能通过对比细节信息进行排除和确定。

❸ 理解错误

分不清一般信息和重要信息，或者没有区别出一般情况和作者的真实想法，把肯定的内容和否定的内容弄混了。

解题技巧

❶ 考查细节类

按照选项的共同点，快速浏览全文查找重点：选项中常常有同样的主体词语或短语，这些词语或短语常常是短文的主题，需要辨析的是各选项不同的细节部分。做题时，带着这些细节去文中找对应的句子，看到相关的内容就把整句话标记出来，分析对应选项，然后进行排除或确定。

训练技能

- 快速查找细节信息的能力；
- 快速抓住单句重点的能力；
- 对汉字的识别和对词语的理解能力。

16. 中国古代交通不便，人们一旦分离便很难再聚，所以送别时难免依依不舍。因为"柳"与"留"发音相近，古人便折柳相赠，以表难舍之情。李白诗中"此夜曲中闻折柳，何人不起故园情"这句话正是这一习俗的写照。

   A 柳树的种植范围广

   B 折柳送别的习俗起源于唐代

   C 折柳送别是中国古时的传统

   D 李白的诗主要描写相聚的情景

   C "中国古代……人们一旦分离……送别时难免依依不舍。因为……古人便折柳相赠，以表难舍之情。"所以，折柳送别是中国古时的传统，C正确。

李白诗中"此夜曲中闻折柳,何人不起故园情"这句话表达的是分别,不是相聚。D可以排除。A、B都没有提到,可以排除。

17. 陕西历史博物馆由一组雄伟壮观的仿唐建筑组成,占地面积约7万平方米。博物馆内收藏了上至远古时期、下至19世纪中叶的37万余件文物。陕西历史博物馆是陕西省悠久历史和灿烂文化的象征,被誉为"中华文明的瑰丽殿堂"。

    A 陕西历史博物馆建于19世纪
    B 陕西历史博物馆建筑面积很小
    C 陕西历史博物馆现代藏品居多
    D 陕西历史博物馆是陕西文化的象征

D 由"陕西历史博物馆是陕西省悠久历史和灿烂文化的象征。"可知D正确。

"博物馆内收藏……19世纪中叶的……文物。",说的是文物,不是博物馆建立的时间。排除A。根据"陕西历史博物馆由一组雄伟壮观的仿唐建筑组成,占地面积约7万平方米"可知,面积很大。排除B。"博物馆内收藏了上至远古时期、下至19世纪中叶的……文物",文物有"远古"的,也有"现代"的,不知道哪个年代藏品更多。排除C。

18. 蚂蚁的体型极小,可力气却大得惊人。一只蚂蚁能够举起超过自身体重400倍的物体,而世界上没有一个人能够举起超过他自身体重三倍的东西。从这个意义上说,蚂蚁的力气比人的大多了。

A 蚂蚁的寿命较长　　　　　　　B 蚂蚁的力气很大
C 蚂蚁的四肢发达　　　　　　　D 蚂蚁的体重是人的1/400

B "蚂蚁的体型极小，可力气却大得惊人。"B正确。
"一只蚂蚁能够举起超过自身体重400倍的物体"是说物体的重量是蚂蚁的体重的400倍，跟人没有关系，D排除。
A、C都没有提到，可排除。

19. 说到大海，人们首先想到的就是蓝色。不过千万别弄错，纯净的海水其实是无色的，只有在阳光的照耀下才呈现蓝色。这是因为阳光中的黄、橙、红等长波光射入海水后，会逐渐被海水吸收，而波长较短的蓝光遇到海水分子后，会发生强烈的散射和反射，海水越深，被散射和反射的蓝光就越多，所以，大海看上去总是蓝色的。

A 蓝光不易被海水吸收　　　　　B 红光只能到达海水表面
C 海水的颜色由长波光决定　　　D 海水对橙色光的反射作用强

A "阳光中的黄、橙、红等……会逐渐被海水吸收，而……蓝光……会发生强烈的散射和反射"，可以知道蓝光跟别的光不同，不容易被海水吸收。A正确。
"阳光中的红……射入海水后"，红光到了海水里面，不是只能到达表面。排除B。"波长较短的蓝光遇到海水分子后，会发生强烈的散射和反射……大海看上去总是蓝色的。"，所以海水的颜色是由短波光的蓝光决定的。排除C。"阳光中的橙……会逐渐被海水吸收"，不是反射。D也可排除。

❷ 考查主题类

选项常常是一些道理或者一些总结主题的语句，各选项的内容区别比较大。这时要注意文章开头的第一句或结尾最后一句话。结合选项找到对应的句子或短语，根据语境理解跟主题有关的句子，选择与短文主题一致的选项。

训练技能

- 长段阅读的理解能力；
- 逻辑分析的能力；
- 抓取文章重点的能力。

20. 生活是由许多细节构成的，有些细节虽然看起来微不足道，却往往暗藏玄机。也许你就是因为疏忽了一个小小的细节，才错失了重要的机遇。关注细节，这不仅仅是一个提示，更应该成为我们行动的准则。

    A 要把握住机遇　　　　　　B 不要忽视细节
    C 要相信自己的能力　　　　D 行动前要有详细的计划

    B　"因为疏忽了一个小小的细节，才错失……机遇。关注细节，更应该成为……准则。"B正确。

21. 中国饮食文化博大精深，自古就有"民以食为天"的说法，与"吃"有关的词语也比比皆是。比如，谋生叫"糊口"，工作叫"饭碗"，没人理会叫"吃闭门羹"，有苦难言叫"吃哑巴亏"，负担太重叫"吃不消"，不确定叫"吃不准"，就连平时见面打招呼也是问"吃了吗"。

A 中国人非常好客

B "吃"的含义一直在变

C "吃不准"形容人办事能力强

D 汉语中有很多与"吃"有关的词语

D 文中说:"中国饮食文化博大精深……与'吃'有关的词语也比比皆是。"其中,"比比皆是"指到处都可以看到,所以有很多,D正确。A没有提到,可排除。

"谋生……打招呼也是问'吃了吗'"是说"吃"可以用在很多方面,表达的意思丰富,不是含义在变。排除B。

"不确定叫'吃不准'",与形容人办事能力强矛盾,C排除。

22. 有人将苦难比作一块儿石头,石头本身无所谓好坏,但对于不同的人就会产生不同的作用:对于强者来说,它可以成为垫脚石,让他们站得更高;而对于弱者来讲,它则是绊脚石,会让人一蹶不振。

A 强者也有弱点　　　　　　B 成功有时也需要运气

C 苦难的影响因人而异　　　D 弱者总爱为失败找借口

C "有人将苦难比作……石头……对于不同的人就会产生不同的作用"。C正确。

❸ 总结推测类

总结对比，合理推断观点或结论：各选项常常围绕同一个主题有不同的观点或结论，观点或者相反、或者相同。做题时，可先根据各选项的观点快速分类，然后带着选项中的关键词阅读文章，边读边对比理解，通过合理的分析推测就可以排除无关的选项，确定正确答案了。

训练技能

- 对不同观点进行总结归类的能力；
- 利用细节关键信息进行总结推测的能力。

23. 良好的睡眠习惯对健康十分重要。拿儿童来说，睡眠时间不足或不规律会影响他们的智力发育，降低其反应速度、阅读和算术等能力，而且这种影响会不断累积。这是因为睡觉时间不足或不规律会打乱身体的节律，干扰大脑对外界信息的接收和处理。

    A 睡眠不足会影响身高
    B 良好的睡眠有利于消化
    C 良好的睡眠有利于骨骼生长
    D 睡眠不足会降低儿童阅读能力

    D "拿儿童来说，睡眠时间不足……会影响他们的智力发育，降低……阅读……能力"。D正确。

24. 信用卡的确给人们的消费带来了许多方便，但信用卡消费不能是无节制的。持卡人应对自己的财务状况有一个清楚的认识：

知道自己挣了多少钱，花了多少钱以及这些钱的去向。要做到"只为计划内的消费刷卡"，并及时偿还信用卡的欠款。

A 信用卡还款周期长

B 信用卡办理手续复杂

C 使用信用卡消费要适度

D 使用信用卡时要注意保护个人信息

C "信用卡消费不能是无节制的。""要做到'只为计划内的消费刷卡'"不能无节制地刷卡，因此信用卡消费要适度。C正确。

25. 著名画家厉归真从小就喜欢画画儿，尤其喜欢画虎。由于没见过真的老虎，他总是把老虎画成病猫，于是他决心进入山林寻找老虎。他历经千辛万苦，终于在猎户的帮助下，见到了老虎。后来，通过大量的写生临摹，他的画虎技法突飞猛进，笔下的老虎栩栩如生。

A 厉归真后来不画虎了

B 厉归真最初画的虎很不像虎

C 猎户教会了厉归真如何画虎

D 很多人出高价购买厉归真的画儿

B "由于没见过真的老虎，他总是把老虎画成病猫"，可以知道厉归真开始画的虎像猫，很不像虎。B正确。

"后来……笔下的老虎栩栩如生。"说明他后来还在画，而且画得好极了，像真的一样。A排除。"他……终于在猎户的帮助下，见到了老虎。"所以，猎户帮助他找到了老虎，不是教他画虎。C排除。D没有提到，可排除。

阅读 第三部分 解析

　　HSK（五级）考试阅读第三部分，重点考查对长段文章的快速阅读理解能力、跨越非关键性文字障碍、把握主要信息的阅读能力。考生须在规定的时间内快速阅读，抓住文章主题或主旨，根据问题，快速找到细节内容，准确理解语段的主题。文章内容丰富多样，涉及励志故事、名人轶事、幽默故事、自然地理、风土人情、传统文化等，考生平时扩展阅读面，可以加快阅读速度，并提高答题准确率。

题型特点

❶ 题型

阅读文章，根据文章内容选择正确的答案。

❷ 数量

共5篇文章，每篇3—4题，共20题。

❸ 内容

5篇题材不同的阅读材料，每篇配有一张图片。每篇语料篇幅在250—570字。提问形式有两种：完整问句和带冒号的描述句。

学习重点

| 快速阅读 | 文章较长，题目较多，考生做题时需要提高阅读速度，掌握阅读技巧。 |

| 查找细节 | 大部分问题针对文章段落或细节进行提问，需要根据问题快速找到对应的文章内容。 |

| 理解推测 | 在看文章的时候注意对比选项中的关键词，利用关键词合理分析、推测，理解即相同语义的不同表达。 |

| 归纳主题 | 根据文中的相关信息，总结归纳出阅读内容的主题。 |

常见问题

❶ 速度慢，时间不够

不会跳跃词汇障碍，逐字逐句理解，阅读时间过长，影响做题速度。

❷ 忽视细节

在阅读中没有利用问题或选项中的关键词，不能通过对比细节信息进行排除和确定。

❸ 理解错误

分不清一般信息和重要信息，或者没有区别出一般情况和作者的真实想法，把肯定的内容和否定的内容弄混了。

❹ 没有抓住主题

对文章的整体理解不够，未能掌握快速确定主题的方法，综合题目易错。

🔓 解题技巧

❶ 考查细节类

根据细节信息去判定选项中的关键点。问题大部分是按照文章内容的顺序来设置的，须快速找到问题或选项中关键词所对应的文章段落，在上下文中找答案，也可整体阅读理解后再对比选项进行排除或确定。

常见问题

关于……可以知道什么？　根据上文，下列哪项正确？

训练技能

- 快速查找细节信息的能力；
- 快速抓住单句重点的能力；
- 对汉字的识别和理解能力。

❷ 考查主题类

在看文章时，注意文章开头的第一句话或者结尾最后一句话。根据语境理解跟主题有关的句子，结合选项的考查方向，找到对应的句子或短语。

常见问题

上文主要谈的是？　最适合做上文标题的是……

训练技能

- 长段阅读理解的能力；
- 抓取文章重点的能力；
- 对长段逻辑的分析能力。

❸ 总结推测类

快速浏览全文，根据文章的主题去判定选项中的关键点。带着选项中的关键词阅读文章，边读边对比理解，通过合理的分析推测就可以排除无关的选项，确定正确答案了。当阅读中的关键信息与题目一致时，可以直接选择；如果不一致，可以运用排除法排除其他选项，最后确定正确答案。

常见问题

第……段的"……"是什么意思？　这篇文章主要想告诉我们？

训练技能

● 快速浏览文章抓取关键信息的能力；
● 对细节的总结推测的能力。

26—29.

　　从前，有个叫阿牛的人与母亲相依为命。他家里很穷，靠给一个富人打工维持生计。一年冬天，阿牛的母亲病了，他没钱给母亲看病，只好到富人家去借钱。富人十分小气，并不想借钱给他，但碍于面子，又不愿当面拒绝。于是，富人眼珠一转，拿出一个篮子，对阿牛说："只要明天一早，你能用它给我拎一篮子水，并烧壶茶给我喝，我就把钱借给你。"阿牛听后，想了想，说："好，咱们一言为定。"说完拎起篮子就走了。富人心想：俗话说"竹篮打水一场空"，我看你明天怎么办！

　　没想到第二天一大早，阿牛就拎着篮子来找富人了。只见阿牛的篮子里装满了冰块儿，他把冰块儿倒进水壶里，加柴点火，不一会儿就把水烧开了。阿牛把一杯沏好的茶端到富人面前，富人想赖也赖不掉了，只好把钱借给了阿牛。

　　"竹篮打水一场空"这句俗语在中国几乎尽人皆知。可是，冰融化了就是水，把冰块儿放进竹篮里，竹篮不就可以打水了吗？换个角度看问题，也许事情就不再是我们通常所认为的那样了。所以，遇到难题时，千万不要被那些所谓的"常识"局限住，转换一下思维方式，另辟蹊径，难题往往也就迎刃而解了。

26. 阿牛是怎样解决富人出的难题的？

A 分多次提水　　　　　　　　B 向母亲求助

C 用冰块儿代替水　　　　　　D 在篮子里放了一个壶

C 这是一道**细节**题，需要根据选项，对照文章，用排除法来找到答案。"没想到第二天一大早，阿牛就拎着篮子来找富人了。只见阿牛的篮子里装满了冰块儿，他把冰块儿倒进水壶里，加柴点火，不一会儿就把水烧开了。"阿牛篮子里装的是冰块儿，不是水，但是把冰块儿倒进水壶，烧开了就能沏茶了。这样就解决了富人出的难题。C正确。

A、B没有提到，可以排除。篮子里装的是冰块，不是水壶，D不符合题意，可排除。

27. 第3段中的"尽人皆知"，是什么意思？

A 人人都知道　　　　　　　　B 没有人认识

C 平均分给大家　　　　　　　D 满足所有人的要求

A "尽人皆知"是个成语。"'竹篮打水一场空'这句俗语在中国几乎尽人皆知"，用竹篮子打水，这是很难做到的，因为竹篮有空隙，装进去的水都顺着空隙流了出去。这句俗语的意思很容易明白，而且这又是一句俗语，所以，在中国几乎每个人都知道。A正确。

28. 关于阿牛，可以知道什么？

A 很小气　　　　　　　　　　B 很聪明

C 骗了富人　　　　　　　　　D 对泡茶很有研究

B 这是一道**细节**题，阿牛解决了富人出的难题，可以看出他是一个很聪明的人。B正确。

51

文章说"富人十分小气",阿牛"家里很穷",没说他小气,排除A。阿牛按照富人的要求做了,用竹篮子提了水(冰),最后也沏了茶,所以他没有骗富人,可以排除C。D没有提到,可排除。

29. 上文主要告诉我们:
A 对待朋友要大方　　　　　B 要多学一些常识
C 要看到自己的优势　　　　D 要学会换个角度看问题

D 这是一道**主旨**题,需要通读全文来找到答案。文章前两段讲了一个小故事,第三段通过这个故事来告诉我们一个道理。"竹篮打水"在我们看来不可能做到的难题,可是,"冰融化了就是水,把冰块儿放进竹篮里,竹篮不就可以打水了吗?"通过这个故事,我们可以知道在遇到难题时,"转换一下思维方式","换个角度看问题"是非常重要的。D正确。

故事主要是讲阿牛如何解决富人的问题,跟对待朋友大方还是小气无关。A不符合题意,可排除。

"竹篮打水"这个常识告诉我们用竹篮打水是不可能的,因此,"常识"有时候会"局限住"我们的思维,并不是学得越多越好。B不符合题意,可以排除。

C没有提到,可排除。

30—33.
　　一位老渔夫把渔船交给了儿子。儿子从父亲手中接过磨得发亮的竹篙时,意外地发现船里还有一支船桨。船桨还闪着原本的光泽,看样子没怎么用过。儿子知道,船桨多是在水深且水流急的地方划船用的，而他们日常捕鱼的那条河，河水很浅，水流也不急，只须用竹篙轻轻一点河底，船就能自如前进了，船桨根本派不上用场。老渔夫看出了儿子的疑惑，说："当年你爷爷把船交给我时，就有这支桨，他告诉我，不管什么时候都要带着它，所以以后你也要好好带着。"儿子点点头。

一天，儿子像往常一样在河里捕鱼，没想到上游突降暴雨，一时间河水暴涨。他拼命地向岸边撑船，却发现原本长短正合适的竹篙，现在却触不到河底，无法在湍急的水流中找到支点。眼看船就要失去控制，危急关头，他想起了那支闲置的船桨，便拿起来使劲儿地划动。借助这支船桨，小船才没有被湍急的河水打翻，安全地到达了岸边。他这才认识到船桨的重要性。

当你的人生之舟还在平缓的小河中漂流，只须用"竹篙"就可以轻松驾驶的时候，也不要忘了为自己准备一支"船桨"，只有这样，当你的船驶入大江大河、面对滔天风浪时，你才不会无所适从。

30. 关于那支船桨，可以知道什么？

　　A 非常重　　　　　　　B 很少使用
　　C 十分破旧　　　　　　D 曾救过父亲的命

B 这是一道**细节**题。根据文章第一段："船桨还闪着原本的光泽，看样子没怎么用过。"可以看出，很少使用船桨。B正确，排除C。

A、D在文章中没有提到，也可排除。

31. 相对于船桨，竹篙：

A 更结实　　　　　　　　　　B 功能更多

C 划船更省力　　　　　　　　D 多用在水浅的地方

D 这是一道细节题，根据第一段"船桨多是在水深且水流急的地方划船用的，而他们日常捕鱼的那条河，河水很浅，水流也不急，只须用竹篙轻轻一点河底，船就能自如前进了，船桨根本派不上用场。"船桨多用在水深的地方，而竹篙多用在水浅的地方，D正确。

因为水浅，所以用起来很省力，而不是因为使用了竹篙。另外，竹篙一般是"撑"或者"点"，不能"划"。C排除。A、B在文章中没有提到，也可排除。

32. 河水暴涨后：

A 船进水了　　　　　　　　　B 船被冲到了岸边

C 河里的鱼增多了　　　　　　D 船险些失去控制

D 根据第二段"一时间河水暴涨……眼看船就要失去控制……他想起……船桨……借助这支船桨，小船才没有被湍急的河水打翻，安全地到达了岸边"，河水暴涨后，竹篙触不到河底，船差点儿失去控制了。但因为有了船桨，才安全到达。D正确。

"借助这支船桨，小船才没有被湍急的河水打翻，安全地到达了岸边"，船是儿子划到岸边的，B排除。A、C在文章中没有提到，也可排除。

33. 最适合做上文标题的是：

A 希望之舟　　　　　　　　　B 逆流而上的小船

C 小小竹篙用处大　　　　　　D 为自己准备一支"船桨"

D 这是一道**主旨**题,通过这个故事我们知道,虽然船桨很少使用,但要准备着。河水暴涨以后,竹篙触不到河底,船差点失去了控制,但因为有了"船桨",小船才安全到了岸。因此,"不要忘了为自己准备一支'船桨',只有这样,当你的船驶入大江大河、面对滔天风浪时,你才不会无所适从。"D正确。

竹篙是很有用,但在河水暴涨的时候却发挥不上作用了,所以,排除C。

34—37.

最早的邮票并不像现在的邮票这么容易撕开。那时的邮票,虽然也是多枚连在一起的,但每枚邮票的连接处并没有齿孔,不能直接撕下来,使用前得用小刀一张张地裁开,非常不方便。

一天,一个年轻人看到一位先生左手拿着一大张邮票,右手在衣服口袋里翻着什么。看样子,他是在找裁邮票的小刀。那位先生摸遍身上所有的口袋,也没找到小刀。他想了片刻,从口袋里摸出一枚别针,在邮票的连接处刺了一排小孔,然后顺着小孔一撕,邮票一下子就被撕开了,而且撕得很整齐。

看到这一幕,年轻人深受启发,心想:要是有一台专门给邮票打孔的机器,邮票不就能轻易地撕开了吗?于是,年轻人立即开始了研究工作。没过多久,邮票打孔机便问世了,并很快被邮政部门采用。用打孔机处理过的邮票很容易被撕开,直到现在,世界各地仍在使用打孔机为邮票打孔。

34. 与现在的邮票相比，早期的邮票：

　　A 很难撕开　　　B 材质特殊　　　C 尺寸更大　　　D 可重复使用

A　"最早的邮票并不像现在的邮票这么容易撕开。"现在的邮票很容易撕开，但是早期的不容易撕开。A正确。

35. 那位先生：

　　A 没寄成包裹　　　　　　　B 没借到别针
　　C 喜欢收集邮票　　　　　　D 在邮票上刺了一些小孔

D　"那位先生摸遍身上所有的口袋，也没找到小刀。他想了片刻，从口袋里摸出一枚别针，在邮票的连接处刺了一排小孔"，因为找不到小刀，不能裁开邮票，所以，这位先生就在邮票上刺了一些小孔。D正确。

"他想了片刻，从口袋里摸出一枚别针。"这位先生在自己的口袋中找到了别针，不是跟别人借的。A不符合题意，可排除。B、C在文中没有提到，可排除。

36. 关于年轻人，可以知道什么？

　　A 善于发现　　　　　　　　B 在邮局工作
　　C 一直想改进邮票　　　　　D 不愿意帮助别人

A　这是一道**细节**题，需要根据选项，对照文章，用排除法来找到答案。"看到这一幕，年轻人深受启发……"年轻人看到那位先生裁邮票的方法，所以进行了研究，并最终发明了邮票打孔机。所以，因为他的细心观察，才有了后来的发明。A正确。

37. 上文主要谈的是：

A 邮票的用途　　　　　　　B 邮票的问世

C 年轻人的奋斗史　　　　　D 邮票打孔机的发明

D 这是一道**主旨**题，第一段介绍了早期的邮票很难被撕开的情况，第二段介绍了一位先生用别针裁开了邮票的故事，最后一段说一位年轻人因此受到了启发，并发明了邮票打孔机。所以，这篇短文是从故事背景、如何发明等方面来介绍了邮票打孔机的发明过程。D正确。

文章没有提到邮票有什么用以及邮票是怎么出现的，A、B可排除。文章提到了年轻人，只说了他是如何发明邮票打孔机的，没有提到他是怎么奋斗的，所以C不符合题意，可排除。

38—41.

有一次，我和妻子去帮妹妹收拾东西，妹妹拿出一件白衬衫给我们看。那件衬衫因为不小心被钉子钩住，后面划出了一条很大的裂痕。妹妹惋惜地说："这么贵的衬衫，才穿了三天就不能再穿了。"妻子接过来仔细地看了看，说："我拿回家帮你补一补。"妹妹疑惑地问："有了补丁，还能穿出去吗？"妻子微笑不语。

结果三天后再看到那件衬衫时，我和妹妹都惊呆了：所有不规则的裂痕全被妻子用白丝线缝了起来，那些被缝过的地方整体看上去就像挂满了冰花儿的树枝一样，美极了。为了强调这种效果，妻子还特地在"树枝"下用花布拼了一个胖乎乎的雪人和木屋。就这样，一件原本被毁坏不能穿的衬衫，反而变得比之前更漂亮、更独特了，简直像艺术品一样。"补丁"原本是一种遗憾，却通过妻子的巧手匠心，呈现出了另一种美。

世界上的事物不可能总是十全十美，人的生命也是如此，伤害、病痛等常常缠绕着我们。伤口既已存在就无法回避，你该做的就是为你的伤口打上一个"补丁"，让你的伤口开出最美丽的花朵。

为不完美的生命打上一个最完美的"补丁"，这样的生命才更有意义。

38. 关于那件衬衫，可以知道什么？

A 掉色了　　　　　　　　　B 很时髦

C 穿上很舒服　　　　　　　D 没穿过几次

D 这是一道**细节**题，需根据问题，对照文章第一段，用排除法来找到答案。"这么贵的衬衫，才穿了三天就不能再穿了。"可见，这件衬衫没穿过几次。D正确。

39. "微笑不语"是说明妻子：

A 觉得理亏　　　　　　　　B 不想和妹妹说话

C 觉得有把握补好衣服　　　D 想先和作者商量一下

C 这是一道**推断**题。可以用排除法。衣服不是妻子弄坏的，所以，不会觉得理亏。A可以排除。妻子虽然没回答妹妹，但不是因为生妹妹的气而不跟妹妹说话。B排除。妻子自己补了衣服，没有问别人的建议，D可以排除。

我们来看这句话的前后文。妻子接过衣服仔细地看了看，说把衣服拿回家"补一补"，虽然妹妹很怀疑，但妻子

"微笑不语",只是笑了笑,没有回答。但是三天后"一件原本被毁坏不能穿的衬衫,反而变得比之前更漂亮、更独特了,简直像艺术品一样。"妻子成功地补好了衣服,而且做得像艺术品一样。这说明,妻子看了衣服之后,心里已经有了怎么补衣服的打算,她也知道自己可以把衣服补好。C正确。

40. 根据上文,下列哪项正确?
A 妹妹的手很巧　　　　　　B 补过的衬衫更漂亮了
C 妻子是著名的设计师　　　D 作者认为妹妹不懂节约

B 这是一道**细节**题,根据第二段,"一件原本被毁坏不能穿的衬衫,反而变得比之前更漂亮、更独特了,简直像艺术品一样。"B正确。

衣服是妻子补好的,所以说是妻子的手很巧,不是妹妹,排除A。C、D在文章中都没有提到,也可排除。

41. 最适合做上文标题的是:
A 缝补的学问　　　　　　B 如何挑选衬衫
C 完美的"补丁"　　　　　D 善良也是一种美

C 这是一道**主旨**题,需要对全文进行概括。通读全文,可知巧手匠心的妻子通过打补丁的方法,把原本被毁坏不能穿的衬衫变得比以前还要漂亮。毁坏的衣服是不完美的,但是如果有了一个"完美"的补丁,衣服就能变成"艺术品"。"为不完美的生命打上一个最完美的'补丁',这样的生命才更有意义。"C正确。

文章描述了妻子缝补以后的效果，但文章并不是告诉人们该如何缝补衣服，所以，A非常片面，不能概括整篇文章，可排除。B、D在文中并没有提到，可排除。

42—45.

你是否注意到，飞机上也有红绿灯？它们有什么用处呢？原来，这红、绿、白三色灯是飞机的航行灯，它们的作用同普通的道路交通信号灯一样，也是为了避免发生交通事故。

大家都知道，飞机的飞行速度很快，虽然定期航班都有一定的航线，但飞机之间仍然有对撞的危险，尤其在夜间航行时，发生对撞的概率更大。因此，为了便于飞行员观察周围是否有其他飞机、随时了解其他飞机的位置，避免空中对撞事故的发生，夜航的飞机都要在左右两侧和尾部开三盏航行灯。从飞行员的位置来看，红灯位于飞机的左翼尖，绿灯在右翼尖，白灯则在机尾。

有了这三盏航行灯后，飞行员观察飞行环境就方便多了。如果飞行员只看到红、绿两盏灯，就说明有飞机正迎面而来，此时有对撞的危险，必须设法避开；如果只见到一盏绿灯或红灯，那就说明对方是在自己的左侧或右侧飞行，只要不偏离航线，是不会相撞的；如果三盏灯同时可见，那就说明对方正在自己的上空或下空飞行，这种情况下也是没有危险的。

42. 关于夜间航行的飞机，可以知道什么？

　　A 飞行速度缓慢　　　　　　　　B 处于自动驾驶状态

C 发生对撞的概率更大　　　　D 可随时调整飞行线路

C 根据第二段"飞机的飞行速度很快，虽然定期航班都有一定的航线，但飞机之间仍然有对撞的危险，尤其在夜间航行时，发生对撞的概率更大。"可以知道：飞机有对撞的危险，尤其是在夜间。C正确。

夜间飞行的飞机速度也很快，A排除。B、D在文章中没有提到，也可排除。

43. 飞机上的三色灯主要用来：

   A 照明　　　　　　　　　　B 指引航线
   C 帮助飞行员观察周围情况　　D 帮助地面人员确定飞机位置

C 这是一道**细节**题，根据问题，找到对应的段落。根据第二段"因此，为了便于飞行员观察周围是否有其他飞机、随时了解其他飞机的位置，避免空中对撞事故的发生，夜航的飞机都要在左右两侧和尾部开三盏航行灯。"，可以知道，三色灯是用来帮助飞行员观察用的。C正确。

三色灯是便于飞行员观察周围情况，不是帮助地面人员。D排除。A、B不符合题意，也可排除。

44. 如果飞行员只看到红、绿两盏灯，则说明：

   A 有飞机在求救　　　　　　B 飞机偏离了航线
   C 正面有飞机飞来　　　　　D 对方机尾出了毛病

C 这是一道**细节**题，根据问题，找到对应的段落。根据第三段关键句"如果飞行员只看到红、绿两盏灯，就说明有飞机正迎面而来，此时有对撞的危险，必须设法避开"。C正确。

61

45. 上文主要谈的是：

A 三色灯的由来　　　　　　　B 飞机信号灯的作用

C 夜间航行的好与坏　　　　　D 怎样选择合适的航班

B 这是一个**主旨**题，需要对全篇内容进行总结。通读全文，文章第一段说的是飞机信号灯的作用，第二段说明为什么飞机有三色灯，第三段具体解释了飞机三色灯的各种情况。因此，文章主要是在讨论三色灯，也就是飞机信号灯的作用。B正确。

文章虽然讨论了为什么会有三色灯，但这不是主要的，主要是说三色灯的作用，A太片面，可以排除。文章说夜间航行时，飞机有更大的对撞的概率，是不好的方面，没有说到好的方面，因此，C排除。D没有提到，可排除。

书写

HSK（五级）书写重点考查汉字书写、词语运用、连词成句、语言逻辑和看图联想写作等汉语书面表达能力。HSK（五级）考试要求考生了解基本的遣词造句规则、词语搭配习惯、语言逻辑表达、看图写作技巧等，考生在学习时，要不断总结基本的语法规则，这对提高汉语水平和考试成绩都有很大帮助。

总之，学习汉语离不开汉字的书写，一方面要通过动手书写汉字、词语和句子，提高书面语言能力；另一方面也应与阅读理解、语言逻辑等联系起来，通过书写全面提高汉语交际能力。

重点和难点	重点	遣词造句、连词成句、常用词语搭配、基本语法规则
	难点	书写汉字、连词成句、看图联想
考查内容	考 ✓	遣词造句的能力
	不考 ✗	字形结构和文章撰写
训练技能		动手书写、连词成句、看图联想、篇章书面表达
		通过书写全面提高阅读理解和语言逻辑等汉语交际能力
词语学习方法		着重学习五级新增词
		了解词性和词义，主要区分名词、动词、形容词和量词
		积累名词词组、动词词组和关联词等固定搭配

书写 第一部分 解析

HSK（五级）书写第一部分，重点考查认读汉字、书写汉字和用词组句的能力。学习时，一方面要多练习汉字书写，注意规范汉字书写（如书写方向、笔顺等）；另一方面要掌握汉语基本的语序和语法规则，注意句子的基本结构、常用句型、常用词语搭配和用法。练习时，可根据关键词语确定句子的主要成分，利用基本语法厘清语序，有意识地培养语感。

题型特点

❶ 题型

完成句子。

❷ 数量

共8题。

❸ 内容

每题要求把4—5个词或短语组成一个正确的句子，所给词语中一般至少包含两个五级新增词，没有超纲词。8个句子考查的句式各不相同，答案唯一。

学习重点

| 扩大词汇量 | 因为题干中所给的词语包含五级新词,所以要注意利用学过的汉字来推测生词的意思。 |

| 确定句型结构 | 一般动词、形容词是一句话的主干关键词,先确定这些实词的位置,然后再排列其他虚词的位置。 |

常见问题

❶ 汉字书写错误

抄写汉字时不认真观察,出现错别字。

❷ 少用或者多用词语

题目要求是用所给的词语排列成一句话,要求每一个词都要用到,也不能另外增加其他词。

❸ 排列顺序错误

没有抓住关键词,不了解基本的句型结构,对汉语特殊句式、固定格式积累不足,造成语序错误。

解题技巧

① 看汉字，理解生词

如果有不认识的生词，可以结合汉字和所给出的词语的语境进行推理。

② 分析整体结构

分析所给词语想要表达的整体内容，并确定句子的主干。平时要注意积累汉语常用句型、固定结构及词语固定搭配。

③ 检查语序

通过检查虚词、短语及固定格式，通读句子，判断语序是否正确。

训练技能

- 利用已知汉字和语境联想推理词语的意思的能力；
- 连词成句的能力.

---

1. 我不小心　被　摔坏　了　麦克风

   麦克风被我不小心摔坏了。

这是一个"被"字句。"被"字句的基本结构是：主语（受事）+"被"+宾语（施事）+动词+其他成分。名词"麦克风"作句子的主语，宾语是人称代词"我"，动词"摔坏"的对象是"麦克风"，因此组成"麦克风被我摔坏了。""不小心"说明了原因，表示方式，因此是"不小心摔坏了"。

67

2. 定于　婚礼　举行　5月中旬
   婚礼定于5月中旬举行。

动词"举行"作句子的谓语,"婚礼"作宾语,可以组成"举行婚礼"。但缺少主语,因此,本句的"婚礼"调换为主题,后面的成分是对"婚礼"的描述,所以是"婚礼举行"。"5月中旬"是时间,因此,作为状语放在动词"举行"之前,组成"5月中旬举行"。"定于"中的"于"是"在"的意思,"在"后面一般加时间成分,因此,"定在5月中旬"。

3. 业务　非常广　这家　公司的　范围
   这家公司的业务范围非常广。

这是一个形容词谓语句。名词"范围"作句子的主语,形容词短语"非常广"作句子的谓语,因此是"范围非常广"。"业务"作为定语来限定"范围",组成"业务范围非常广"。"这家"是量词,修饰"公司",因此是"这家公司"。"这家公司"再作为限定成分修饰"业务范围",组成"这家公司的业务范围"。

4. 大家　老实能干　夸他　都
   大家都夸他老实能干。

"夸"的人应该是"大家","他"是被夸的对象,因此组成"大家都夸他"。"老实能干"是他的特点,也是夸的内容。

5. 整整一夜　持续了　这场　大雨
   这场大雨持续了整整一夜。

"持续"的应该是"大雨",因此组成"大雨持续了";"整整一夜"是持续的时间,放在"持续"后作补语,组成"大雨持续了整整一夜";"这场"是量词,修饰"大雨"。

6. 不多　资料　那里　可供参考的
　　那里可供参考的资料不多。

这是一个形容词谓语句。名词"资料"作句子的主语，形容词"不多"作句子的谓语，因此是"资料不多"。"可供参考的"是定语，修饰"资料"，组成"可供参考的资料"；"那里"是地点，放在句子开头，作状语。

7. 商品　一律　本店　8折
　　本店商品一律8折。

这是一个名词谓语句。名词成分"8折"放在谓语部分，对主语进行描述。"8折"的对象应该是"商品"，所以组成"商品8折"；"本店"作定语，修饰"商品"，组成"本店商品"；"一律"表示范围，作状语，组成"一律8折"。

8. 具有　很高的　豆腐　营养价值
　　豆腐具有很高的营养价值。

名词"豆腐"作句子的主语，动词"具有"作句子的谓语，"营养价值"作宾语，组成"豆腐具有营养价值"，"很高的"表示程度，修饰"营养价值"。

书写 第二部分 解析

HSK（五级）书写第二部分，考查对词语的理解使用、长段语言表达、看图联想写作的能力。学习时，第一题应着重训练词语搭配、连词成句、长段语言逻辑。第二题应着重训练看图技巧、长段语言逻辑、描述图片以及编写完整故事的能力。表达时不必刻意追求复杂的词语和句式。第一题应注意要使用所有词语，第二题应注意与图片内容的关联性，逻辑合理，语言通顺，故事相对完整。

题型特点

❶ 题型

1.用所给的5个词语写80字的短文；2.看图写80字的短文。

❷ 数量

共2题。

❸ 内容

第一题要求用给出的5个词语写一篇80字的短文。所给的词语有HSK五级新增词和少量HSK四级词，包括各种词性，比如名词、动词、形容词、副词等。第二题看图写作，要求写作内容应表达图片主要信息。

✏️ 学习重点

联想扩展
- 重点学习HSK五级新增词，扩大词汇量，注意词义、用法和常用搭配，学会联想。
- 掌握根据汉字猜词语的技巧，正确使用词语搭配并遣词造句，从所给的5个词语中提取出短文主题，要确保长短表达的完整性。

正确描述
掌握观察及描述图片技巧，学习第一人称和第三人称的表述方法，提高看图联想能力，确保短文语言逻辑顺畅。

❗ 常见问题

❶ 词语使用不全
未全部使用所给的5个词语。

❷ 与图片无关
没有仔细观察图片，所写短文和图片没有关系。

❸ 有错别字或语法错误
虽然句子结构复杂、表达内容丰富有时很好，但是句子结构过于复杂也会降低语言表达的准确性。

解题技巧一

❶ 理解词语

确定词义和词性，不认识的词语根据汉字进行猜测。

❷ 确定主题

找到5个词语中的中心词语，结合其他几个词，确定短文主题。

❸ 联想扩展

将词语扩展成短语，结合短文主题，进行联想，确定短文基本内容。

❹ 串联成文

用熟悉的词语搭配、固定结构、特殊句式整理句子，努力写出表达正确、内容丰富的句子。

训练技能

- 利用关键词确定文章中心的能力
- 汉语的书面表达能力

9. 请结合下列词语（要全部使用，顺序不分先后），写一篇80字左右的短文。

家庭　诚恳　沟通　责任　幸福

这篇短文可以以"家庭"为主题，论述一个家庭怎样才能幸福。家庭成员之间要互相沟通和交流，每个成员尽到自己的责任，大家诚恳相待，这样整个家庭会有一个好的氛围，家庭成员之间的关系非常亲密，家庭才会幸福。

参考答案一：

怎么才能有一个幸福的家庭呢？我认为，作为家庭的一个成员，你应该诚恳地对待你的家人；有问题时要及时沟通，说出你的想法；还要尽到自己的责任，关爱你的家人。这样，你才会有一个幸福的家。

这篇短文还可以以"幸福"为主题，以家庭为例，说明一个人怎么才会感到幸福。幸福是尽到责任，积极沟通，诚恳对待别人，就像在家庭生活中一样。

参考答案二：

幸福是什么？幸福是尽到责任，诚恳地对待别人。你会爱你的家人，你也会帮助他们，你还会跟家人积极沟通。如果你把别人也当成家人，那么你就会生活在一个大家庭中。大家互相关爱，人人拥有幸福。

解题技巧二

❶ 观察图片
将图片中的重要信息用短语或短句做出描述。

❷ 确定主题
根据图片示意，进行联想，确定短文主题。

❸ 整理成句
结合图片的内容，用熟悉的词语搭配、固定结构、特殊句式整理句子，努力写出表达正确、内容丰富的句子。

> **训练技能**
> - 用汉语描述场景的能力；
> - 准确表达个人观点的能力。

10. 请结合这张图片写一篇80字左右的短文。

图片上有两个人，左边是一个男人，右边是一位女士。男人穿着西装，正在打电话，表情严肃，但又带着一丝微笑；女人微笑着给他看一份文件，所以男人一边打电话一边看文件。

男人是公司的经理，女人是他的秘书，他们正在处理一些工作上的问题。

参考答案一：

　　王经理正在给另一家公司的李经理打电话，讨论着两家公司的合作问题。这时，秘书小张走了进来，并微笑着打开了一份文件给他看。原来，公司这个月的销售量又有了很大的提高。王经理看后非常满意。

男人的表情是高兴还是不高兴？为什么？

参考答案二：

　　小张做了一份方案，王经理看后，有点儿不满意。小张修改了以后，又来到了办公室。不过，经理正在打电话呢。所以，她用双手把方案打开让经理查看了一下修改部分。经理脸上露出了微笑，小张非常开心！

第三阶段

考前强化训练

温馨提示：
先按照考试时间进行自测，再看解析，记录学习要点。

HSK（五级）真题试卷解析（一）

一、听力

第一部分

扫描二维码，🎧1–45
http://2d.hep.cn/44349/3

第1—20题：请选出正确答案。

1. A 花店
   B 工厂
   C 博物馆
   D 健身房

   🎧 女：这个花瓶真好看，是哪个朝代的？
   男：好像是明代的，不过我不太确定，问问博物馆的解说员吧。
   问：他们最可能在哪儿？

2. A 感谢对手
   B 放弃挑战
   C 征求家人意见
   D 勇敢面对问题

   🎧 男：逃避解决不了问题，你得勇敢地去面对。
   女：您说得对，我会正视这个问题的，谢谢。
   问：男的建议女的怎么做？

3. A 是名导游
   B 擅长滑雪
   C 要去哈尔滨
   D 没买到机票

   🎧 女：我一月中旬要去哈尔滨，你给推荐个好玩儿的地方吧。
   男：那儿的冰雪大世界很不错，我在那儿滑过雪。
   问：关于女的，下列哪项正确？

HSK（五级）真题试卷解析（一）

C 1. 根据男的所说"……问问博物馆的解说员吧"，可知他们最可能是在"博物馆"讨论花瓶是哪个朝代的，而不是在"花店"，所以C正确，排除A。B和D不符合题意，排除。

明代：是中国历史上由汉族统治的最后一个朝代，其后就是中国最后一个朝代——清代。

D 2. 根据"你得勇敢地去面对"，可知男的建议女的勇敢面对问题，D正确。

正视：用严肃认真的态度对待问题，不躲避，如这段对话中女的要"正视这个问题"。

C 3. 根据对话，女的"一月中旬要去哈尔滨"，C正确。

女的让男的"推荐个好玩儿的地方"，可知她并不是导游，排除A。"在那儿滑过雪"的是男的，而不是女的，排除B。D没有提到，排除。

4. A 是关于农业的
   B 周五晚上播出
   C 在娱乐频道播
   D 专家非常幽默

   男：那个关于新能源开发的纪录片在哪个频道播？
   女：科教频道，每周五晚上八点开始。
   问：关于那个纪录片，可以知道什么？

5. A 没胃口
   B 喝醉了
   C 过敏了
   D 嗓子难受

   女：单位附近新开了一家川菜馆儿，我们去尝尝？
   男：过段时间吧，我最近嗓子疼，不能吃辣椒。
   问：男的怎么了？

6. A 面积不小
   B 租金很贵
   C 不单独出售
   D 位于地下二层

   男：这套房子装修得确实不错，楼下有车库吗？
   女：有，面积挺大的，有二十多平米。
   问：关于那个车库，可以知道什么？

7. A 现在有雾
   B 村庄在山顶上
   C 他们没钓到鱼
   D 男的在讲神话故事

   女：你看，从这个地方能看到山下整个村庄。
   男：是，薄薄的雾气让村子看上去像仙境一样，真美！
   问：根据对话，下列哪项正确？

8. A 绕路走
   B 先倒车
   C 步行进去
   D 向路人打听

   男：姑娘，这条胡同太窄了，车根本开不进去。
   女：那我们绕一下吧，前面那条路也能到。
   问：女的建议怎么做？

B 4. 根据女的说"每周五晚上八点开始"，B正确。

男的说"那个关于新能源开发的纪录片……"，而不是关于农业的，A排除。

根据"科教频道"，可知不是"娱乐频道"，排除C。D没有提到，也排除。

D 5. 男的说自己"最近嗓子疼"，可见他嗓子不舒服，D正确。

A 6. 女的说车库"面积挺大的"，A正确。

A 7. 根据"薄薄的雾气让村子……"，可知现在有雾，A正确。

"从这个地方能看到山下整个村庄"，排除B。对话中没有提到C，排除C。男的只是说村子"看上去像仙境一样"，并不是真的在讲神话故事，排除D。

A 8. 根据"那我们绕一下吧"，可知女的建议绕路走，A正确。

胡同：也叫"里弄"，是城镇或乡村里主要街道之间的、比较小的街道，一直通向居民区的内部，是北京城的一大特色。

9. A 要乐观
    B 有风险
    C 要坚持下去
    D 要当心身体

女：外公，您教我打太极拳吧。
男：好，不过你可不能三天打鱼两天晒网，学两天就不学了啊。
问：男的是什么意思？

10. A 不吸水
    B 样式老
    C 颜色太暗
    D 布料不够厚

男：这款窗帘样式不错，颜色也好看，咱们就选它吧。
女：设计风格挺好的，就是布料太薄了，恐怕会透光。
问：女的觉得窗帘怎么样？

11. A 没收回成本
    B 很受年轻人欢迎
    C 参演的明星很多
    D 剧本修改过多次

女：这部电影的导演是个新人，它的票房竟然过了五亿。
男：这部影片是"八零后"的集体回忆，所以吸引了不少年轻人。
问：关于那部电影，下列哪项正确？

12. A 学历证书
    B 博士论文
    C 个人名片
    D 发表的文章

男：你在简历里提到的读书期间发表的那些文章，带来了吗？
女：带了，都在这个文件夹里，您看一下。
问：文件夹里装的是什么？

D 9. 根据"不过你可不能……学两天就不学了啊",可知男的是希望女的要坚持学下去,不要半路放弃,C正确。

三天打鱼,两天晒网:用三天时间打鱼,再用两天时间来晒网,比喻对学习、工作没有恒心,经常中断,不能长时间坚持。

D 10. 根据"就是布料太薄了",可知女的认为布料不够厚,D正确。

A没有提到,可排除。根据"样式不错,颜色也好看",排除B、C。

B 11. 根据"所以吸引了不少年轻人",可见影片很受年轻人的欢迎,B正确。

根据"它的票房竟然过了五亿",A错误。C、D在对话中没有提到,所以都排除。

"八零后":指1980年1月1日到1989年12月31日出生的人。同理,还有"六零后""七零后""九零后""零零后"等。

D 12. 男的问女的是否带来了"读书期间发表的那些文章",女的表示"都在这个文件夹里",可见文件夹里装的是发表的文章,D正确。

注意:名词"文章"前面有很长的定语"你在简历里提到的读书期间发表的那些……",这些词语会影响我们的判断,听录音的时候要注意抓住定语修饰的中心语。

13. A 嘉宾没到齐
    B 主持人没到
    C 设备出毛病了
    D 会议室停电了

    女：参会的专家都到了，我们开始吧。
    男：播放设备临时出了点儿问题，还在调试，稍等几分钟。
    问：会议为什么还不能开始？

14. A 参加婚礼
    B 看望亲戚
    C 签订合同
    D 参加夏令营

    男：国庆节你有什么打算？
    女：去趟海南，我本科时最好的朋友在那儿举办婚礼。
    问：女的去海南做什么？

15. A 很虚心
    B 为人老实
    C 做事冷静
    D 比较勤奋

    女：张总，您觉得这次谈判派谁去比较合适？
    男：小黄吧，他经验丰富，遇事冷静，对这个项目也熟悉。
    问：男的觉得小黄怎么样？

16. A 讲座很有趣
    B 男的想学戏剧
    C 女的下午有课
    D 图书馆今天闭馆

    男：下午国家图书馆有一场关于戏剧文学的讲座，你有兴趣吗？
    女：几点开始？我两点还有一节化学课。
    问：根据对话，可以知道什么？

17. A 键盘坏了
    B 电脑中病毒了
    C 男的没找到软件
    D 女的误删了文件

    女：我不小心把一份重要文件给删了，还能恢复吗？
    男：别担心，我帮你下载一个数据恢复的软件。
    问：根据对话，下列哪项正确？

C 13. 根据"播放设备临时出了点儿问题",可知设备出了毛病,C正确。

到齐:都到了的意思。"动词+齐"表示齐备、齐全,如:菜都上齐了。

A 14. 根据"我本科时最好的朋友在那儿举办婚礼",可知女的去海南参加婚礼,A正确。

C 15. 根据"遇事冷静",C正确。

C 16. 根据"我两点还有一节化学课",可知女的下午有课,C正确。

男的问女的对讲座是否"有兴趣",并不是说讲座很有趣,排除A。讲座是关于"戏剧文学"的,但没有提到男的想学戏剧,排除B。D没有提到,可排除。

D 17. 根据"我不小心把一份重要文件给删了",可知女的误删了文件,D正确。

下载:从互联网或其他计算机上获取信息并装入到某台计算机或其他电子装置上,口语中也可以说"下",如:我打算下载这首歌。和"下载"相对的是"上传",口语中也可以说"传",如:小王上传了一份资料到公司的电脑上。

18. A 手套
    B 象棋
    C 玩具车
    D 数码相机

男：儿童节我们送儿子什么礼物好呢？
女：象棋吧。那天在他舅舅家玩儿，回来就吵着要我买一副呢。
问：他们打算送儿子什么？

19. A 咨询
    B 宣传
    C 售后服务
    D 新产品开发

女：新产品元旦就要投入市场了，宣传工作就交给你们部门了。
男：您放心，宣传方案我们会尽快做好的。
问：男的负责哪方面的工作？

20. A 表情自然
    B 色彩鲜艳
    C 背景好看
    D 画面清晰

男：你觉得哪张照片拍得好？我想选一张挂在墙上。
女：中间这张吧，表情很自然。
问：女的为什么选那张照片？

第二部分

第 21—45 题：请选出正确答案。

21. A 航班信息
    B 宠物托运
    C 包裹邮寄
    D 网络购票

女：您好，我想问一下能带小狗上飞机吗？
男：宠物不能直接带上飞机，您需要办理托运。
女：那托运手续怎么办？
男：需要提供宠物健康证明，您得带宠物去检查一下。
问：女的在咨询什么问题？

B 18. 男的问女的儿童节"送儿子什么礼物好",女的回答"象棋吧",再结合"……吵着要我买一副"等关键句,可知他们打算送儿子象棋,B正确。

副:数量词,在本题中是"一副象棋",还可以说"一副眼镜""一副手套"等。

B 19. 根据"宣传工作就交给你们部门了"和"宣传方案我们会尽快做好的"这两个关键句,可知男的负责宣传方面的工作,B正确。

A、C没有提到,可排除。根据对话,男的是因为"新产品就要投入市场了",而负责宣传方案,并不是负责新产品的开发,排除D。

A 20. 根据女的说"表情很自然",A正确。

B 21. 根据"能带小狗上飞机吗","宠物……需要办理托运",再结合"托运手续……"等关键信息,可知女的在咨询有关宠物托运的问题,B正确。

22. A 赢了比赛
B 实习结束了
C 表演很精彩
D 演讲很成功

男：您今天的表演简直太棒了！
女：谢谢你的称赞。
男：我能跟您合影留念吗？
女：当然可以。
问：男的为什么称赞女的？

23. A 石头
B 丝绸
C 汽车零件
D 生活废品

女：小李，听说你的毕业设计主题是环保？
男：对，我的作品所用的材料大都是一些废弃的日用品。
女：都用了什么东西？
男：矿泉水瓶、塑料袋和旧光盘之类的。
问：小李的作品是用什么做的？

24. A 退休了
B 换公寓了
C 刚做完手术
D 是美术老师

男：我今天碰见周老师了，就是咱们高中的地理老师。
女：是吗？好多年没见他了，他现在怎么样？
男：他已经退休了，看上去身体不错，精神也很好。
女：改天我们一起去看看他吧。
问：关于周老师，可以知道什么？

C 22. "您今天的表演简直太棒了"，C正确。

D 23. 本题关键句是"我的作品所用的材料大都是一些废弃的日用品"，D正确。

　　大都：表示大部分，如：这里的人大都爱吃米饭。

A 24. 根据男的说"他已经退休了"，A正确。

　　B、C没有提到，可排除。周老师是"地理老师"，不是美术老师，D错误。

25.
A 休闲
B 时尚
C 正式
D 保暖

女：这些服装都是今年的新款，您随便看。
男：这些都太休闲了，我想买套正装。
女：正装在里边的货架上，您想要什么颜色的？
男：深灰色的吧。
问：男的想要哪种衣服？

26.
A 正在重修
B 非常破旧
C 是木结构的
D 全被烧毁了

男：没想到这些建筑都五百多年了，还保存得这么完整。
女：是啊，不过有些地方重新修补装饰过。
男：难怪看起来很新。它们都是用木头建的？
女：对，所以这里严禁吸烟。
问：关于那些建筑，下列哪项正确？

27.
A 学问高
B 脚受伤了
C 现在是教练
D 得过游泳冠军

女：您以前想过自己会拿世界冠军吗？
男：没有，我就是喜欢打球，没抱着一定要赢的念头。
女：那您觉得现在做教练和之前当运动员有什么不同？
男：担子更重了，我希望能多培养些优秀的运动员。
问：关于男的，可以知道什么？

C 25. 根据"我想买套正装",可知男的想要比较正式的衣服,C正确。

根据男的说"这些都太休闲了",排除A。B、D没有提到,可排除。

正装:适用于严肃场合的正式装束,如西服、民族服装等。和"正装"相对的是"休闲装",一般在娱乐或家居环境中穿着。

C 26. 根据关键句"它们都是用木头建的",可知建筑是木结构的,C正确。

这些建筑已经"重新修补装饰过",不是"正在重修",排除A。根据男的说"难怪看起来很新",排除B。根据"还保存得这么完整",排除D。

C 27. 根据"那您觉得现在做教练……",可知男的现在是教练,C正确。

A、B在对话中没有提到,可以排除。男的说自己"就是喜欢打球",可知他从事的是球类运动,和游泳无关,排除D。

28. A 费用低
B 测验少
C 能免费试听
D 学习时间灵活

男：你这是在上网络课程？
女：是，我报了一个会计班。
男：在网上学效果好吗？
女：挺好的，能反复听，资源也多，还能自由安排学习时间。
问：女的觉得网络课程有什么优点？

29. A 维修店
B 乐器店
C 辅导班
D 幼儿园

女：你怎么突然想起买小提琴了？
男：是给我女儿的，她想要学。
女：我知道一家乐器店，那儿的小提琴质量不错，价格也合理。
男：太好了，你把它的具体地址告诉我吧。
问：男的想知道哪儿的地址？

30. A 看急诊
B 开发票
C 组织聚会
D 预订座位

男：请问现在能预订晚上的座位吗？
女：可以。您贵姓？几位？
男：我姓张，两位。大概六点半到，麻烦给我留个靠窗的位置。
女：好，我们最晚给您保留到七点，请尽早过来。
问：男的在做什么？

D 28. 根据"还能自由安排学习时间",可知女的认为网络课程的学习时间很灵活,D正确。

A、B在对话中没有提到,可以排除。女的说"能反复听",而不是免费试听,排除C。

B 29. 根据女的说"知道一家乐器店",男的希望"把它的具体地址告诉我吧",可知此处指的是乐器店的地址,B正确。

D 30. 根据"现在能预订晚上的座位吗",可知男的在预订座位,D正确。

31. A 继续赶路
    B 蹲在地上找
    C 假装不知道
    D 追着蝴蝶跑

32. A 被鸟吃光了
    B 被人踩碎了
    C 被水冲走了
    D 被同伴偷了

第31到32题是根据下面一段话：

从前有只猴子，手里抓着一把豆子，一蹦一跳地往家走。一不留神，手中的豆子掉了一颗，滚到了地上。它赶紧将手中其余的豆子放在一旁，去捡那颗掉落的豆子。可它蹲在地上找了半天，也没找到掉落的那颗豆子。

最后，猴子只好放弃。等它将身上的土拍掉，准备去拿之前被放在一旁的豆子时，才发现那把豆子早就被小鸟吃得一颗也不剩了。

31. 掉了一颗豆子后，猴子是怎么做的？
32. 之前被放在一旁的豆子怎么了？

33. A 如何看待加班
    B 有无工作经历
    C 对待遇有什么要求
    D 怎样处理与同事的关系

34. A 员工必须有个性
    B 诚信是企业的生命
    C 公司应多为员工着想
    D 公司利益就是个人利益

35. A 为人大方
    B 能承受压力
    C 具有创新精神
    D 懂得从自身找原因

第33到35题是根据下面一段话：

某公司招聘时，只问了应聘者一个问题：你怎么看待加班？最后，一位年轻人脱颖而出。他的回答是这样的："首先，如果是工作需要，我会主动加班，因为公司的利益就是我的利益；其次，我会考虑如何提高我的工作能力，尽可能减少不必要的加班；最后，如果我经常被领导要求加班，那说明这是我个人的问题，我需要反省。"

后来，有人问面试官："面试中

B **31.** 根据短文，在掉了一颗豆子后，猴子"赶紧……去捡那颗掉落的豆子"，再结合关键句"可它蹲在地上找了半天……"，可知猴子蹲在地上找掉落的豆子，B正确。

A **32.** 本题关键句是"才发现那把豆子早就被小鸟吃得一颗也不剩了"，可知放在一旁的豆子被鸟吃光了，A正确。

A **33.** 本题关键句是"你怎么看待加班"，这是公司问应聘者的唯一的问题，A正确。

D **34.** 根据短文，年轻人对面试官表示如果工作需要，自己"会主动加班"，"因为公司的利益就是我的利益"，D正确。

D **35.** 面试官解释自己之所以录用年轻人，是因为"这么多人中，懂得自我批评、不找借口而主动从自身找原因的人，只有他一个"，D正确。

有很多比他更优秀的人，为什么最后却决定录用他呢？"

面试官笑着说："不错，的确还有比他更优秀的，但是这么多人中，懂得自我批评、不找借口而主动从自身找原因的人，只有他一个。"

33. 那家公司问应聘者的问题是什么？
34. 下列哪项是那个年轻人的观点？
35. 面试官觉得那个年轻人的优势在哪儿？

36. A 在实习
    B 记忆力不错
    C 销售业绩很好
    D 从事运输行业

37. A 玻璃敲不碎
    B 铁锤是进口的
    C 订单数额巨大
    D 样品是小王设计的

38. A 安全第一
    B 要讲信用
    C 要敢于冒险
    D 行动更有说服力

第36到38题是根据下面一段话：

小王是名安全玻璃的推销员，他的业绩一直保持全公司第一。朋友问他："你有什么独特的方法吗？"

小王说："见客户时，我的包里总放着几块儿玻璃样品和一个小铁锤。我首先会问客户是否相信安全玻璃。大部分人都会说不信，然后我就让他们拿铁锤去敲玻璃。当他们发现玻璃真的敲不碎时，他们往往都会大吃一惊，忍不住说'天哪，真不敢相信！'这时我再和他们谈生意，一般都能很快地签下订单，整个过程通常不会超过二十分钟。"

很多时候，行动比任何说辞都有效。

C **36.** 这篇短文中介绍小王是个"安全玻璃的推销员","他的业绩一直保持全公司第一",可知小王的销售业绩很好,C正确。文中没有提到他正在实习,从事的也不是运输行业,排除A、D。短文没有提到小王的记忆力如何,排除B。

A **37.** 根据"当他们发现玻璃真的敲不碎时,……'天哪,真不敢相信'",可知客户们不敢相信的是玻璃敲不碎,A正确。

D **38.** 这是一道**主旨**题,需要对全文做出总结。根据这篇短文,推销员小王并不是用语言努力劝说客户买安全玻璃,而是当客户表示不相信安全玻璃的时候,让他们自己用铁锤去敲玻璃,客户发现玻璃真的敲不碎时往往会很吃惊,小王因此能很快签下订单。由此可见,小王是用实际行动赢得了客户的信任。一般来说,文章的第一句或最后一句话有可能是对全文做出总结的关键句,根据短文的最后一句话"很多时候,行动比任何说辞都有效",可知相对语言,行动更有说服力,D正确。

36. 关于小王，下列哪项正确？

37. 客户们不敢相信什么？

38. 这段话主要想告诉我们什么？

第39到41题是根据下面一段话：

雄孔雀的尾巴张开时就像一把大扇子，特别漂亮，因此它们都非常爱惜自己的尾巴。当它们想要休息时，总是先选好位置放好尾巴，然后才安心休息。孔雀警惕性高，人不易接近。但每逢暴雨天，孔雀担心被雨水淋湿后，走动会把尾巴弄脏，就一动不动地趴在原地。即使人们走到它们面前，它们也依然不动，唯恐损坏了自己漂亮的尾巴。这时，它们很容易被人抓到。

有时候，我们引以为豪的优点反而容易被敌人利用。

39. A 很调皮
    B 特别懒
    C 尾巴很漂亮
    D 喜欢潮湿的环境

40. A 雾天
    B 暴雨天
    C 刮大风时
    D 天气转暖时

41. A 不要轻视他人
    B 要懂得赞美别人
    C 做选择时要谨慎
    D 不要过于关注优点

39. 关于孔雀，可以知道什么？

40. 孔雀一般在什么天气下容易被抓？

41. 这段话主要想告诉我们什么？

42. A 光线变暗
    B 灰尘增多
    C 人容易犯困
    D 路上常堵车

第42到43题是根据下面一段话：

驾车要尽量避开三个危险时段：一是凌晨一点至三点，这段时间人的血压降低，大脑反应比较

C 39. "雄孔雀的尾巴张开时就像一把大扇子，特别漂亮"，C正确。

A、B没有提到，可排除。根据"孔雀担心被雨水淋湿后……就一动不动地趴在原地……唯恐损坏了自己漂亮的尾巴"，可知孔雀并不喜欢潮湿的环境，排除D。

B 40. 根据这篇短文，"每逢暴雨天"，孔雀担心被雨水淋湿后走动会把尾巴弄脏，"就一动不动地趴在原地"，即使人来了"也依然不动"，"这时，它们很容易被人抓到"，由此可知孔雀一般在暴雨天容易被抓，B正确。

D 41. 这是一道**主旨**题。本题关键句是文章的最后一句话，"有时候，我们引以为豪的优点反而容易被敌人利用"。结合这篇短文，漂亮尾巴原本是孔雀的优点，却因为怕被弄脏，孔雀在暴雨天时趴在地上不敢走动，人们正是利用了孔雀的这种心理从而轻易地抓到了它们，可见文章的观点是不赞成过于关注自己的优点，D正确。

A 42. 根据"下午五点至傍晚七点，黄昏时分光线由明转暗，容易导致司机判断失误，形成安全隐患"，可知在这个时段内，光线变暗是导致安全问题的原因，A正确。

B、D在这篇短文中没有提到，可排除。"上午十一点至下午一点"人容易出现困倦感，排除C。

43. A 酒后开车的危害
B 驾车较危险的时段
C 怎样提高驾驶技术
D 情绪对驾车的影响

44. A 环境舒适
B 便于讨论
C 注意力易集中
D 方便查找资料

45. A 感到不安
B 效率更高
C 变得谦虚
D 更爱思考

迟钝，易发生交通事故；二是上午十一点至下午一点，这时候人通常会出现短暂的困倦感，注意力也容易分散，从而导致疲劳驾驶；三是下午五点至傍晚七点，黄昏时分光线由明转暗，容易导致司机判断失误，形成安全隐患。

42. 为什么要避免在下午五点至傍晚七点开车？

43. 这段话主要谈的是什么？

第44到45题是根据下面一段话：

在图书馆看书，一方面可以最大限度地减少外界对我们的干扰，使我们的精力更集中；另一方面，我们看到他人努力学习的样子，往往能激发自身的竞争意识，也会不自觉地开始努力。心理学家将这种现象称为"社会助长效应"。实验证明，在竞争的氛围中，任务执行的效率通常会比较高。因此，想要消除杂念，提高学习效率，去图书馆是一个好办法。

44. 根据这段话，在图书馆看书有什么优点？

45. 人们在竞争的环境中做事会怎么样？

B 43. "这是一道**主旨**题,短文的开头先点出了主旨"驾车要尽量避开三个危险时段",接下来具体分析了这三个危险时段,并分别说明了在这几个时段内导致发生安全问题的三种原因:1.血压降低,大脑反应迟钝;2.由于困倦,注意力分散;3.光线的变暗导致判断失误。综合来看,答案B符合题意。

C 44. 根据"在图书馆看书,一方面……,使我们的精力更集中",C符合题意。

B 45. 本题关键句是"实验证明,在竞争的氛围中,任务执行的效率通常会比较高",B正确。

二、阅读

第一部分

第46—60题：请选出正确答案。

46—48.

看球赛本来是充满乐趣的一件事，可是很多球迷却因熬夜看比赛，_46_ 睡眠不足、眼睛疲劳和饮食不规律。而且，随着赛况的不断变化，球迷们的情绪也会起伏不定，易造成心理上的不适。因此，我们要学做一个健康的球迷：有选择性地观看比赛，尽量不要熬夜；尽量抽空儿闭目养神，以 _47_ 眼部疲劳；不要因看比赛而打乱正常的饮食习惯。_48_ ，我们还应该以平和的心态去看待比赛的输赢，不要过度沉浸于球队的成败之中。

46. A 导致　　　　B 促进　　　　C 制造　　　　D 反映

47. A 取消　　　　B 缓解　　　　C 诊断　　　　D 吸取

48. A 此外　　　　B 除非　　　　C 从而　　　　D 何况

A **46.** 这是一道**动词辨析**题。根据短文，很多球迷熬夜看比赛，结果"睡眠不足、眼睛疲劳和饮食不规律"。4个词语中，"导致"一词后通常引出的是不良结果，A正确。

"促进"表示促使前进、推动使发展，和后面的不良结果不符，排除B。"制造"有两个意思，一是制作物品，二是人为地造成某种气氛或局面等，如：制造矛盾，但不能说制造某种结果，排除C。"反映"指把情况、意见等告诉上级或有关部门，后面也不能跟结果，排除D。

B **47.** 这是一道**动词辨析**题。短文建议大家做健康的球迷，"以……"表示目的，根据题意，"尽量抽空儿闭目养神"的目的应该是让眼部疲劳的程度有所减轻。四个词语中，"缓解"表示剧烈、紧张的程度有所减轻、变缓和，如：病情缓解，因此"缓解眼部疲劳"比较符合题意，B正确。

"取消"指使原有的制度、规章、资格、权利等失去效力，如：取消资格。用在此处不符合题意，排除A。"诊断"给病人做检查之后判定病人的病症及其发展情况，用在此处不符合题意，排除C。"吸取"吸收获取，如：吸取经验教训，用在此处也不符合题意，排除D。

A **48.** 从下文"还应该"可以推断出，这里的连词应该和"还应该"意思相同，"此外"指除了所说的事物或情况以外的事情或情况，符合题意，选A。

49—52.

著名画家张大千曾画过一幅《绿柳鸣蝉图》，画儿上有一只蝉，趴在柳枝上，头朝下、尾朝上。齐白石看到后说："错了！蝉在柳枝上，头极少朝下。"张大千得知后， 49 ，心中却不服气。

几年后，张大千外出写生。那时正值盛夏，林子里蝉声此起彼伏。他想起齐白石的话，就跑去观察。只见树上趴着很多蝉，几乎都是头朝上。张大千不禁对齐白石充满了敬佩，但还是不明白其中的 50 。

后来，他专门向齐白石请教这个问题。齐白石说："蝉头大身小，趴在树上，头朝上重心才 51 。何况柳枝又细又软，蝉如果头朝下，肯定会掉下来。我们画画儿，必须观察 52 了再画。"张大千恍然大悟，对齐白石佩服得五体投地。

49. A 变得更加自信了　　B 嘴上虽没说什么
　　C 却没办法改动了　　D 就和齐白石吵了起来

50. A 道理　　B 传说　　C 细节　　D 核心

51. A 硬　　B 稳　　C 棒　　D 宽

52. A 严肃　　B 耐心　　C 仔细　　D 独特

B **49.** 这道题考查的是**语言逻辑**。"却"表示转折,根据题意,选项B"嘴上虽没说什么"和"心中却不服气"构成了意义上的转折关系,B正确。

A、D两个选项的意思和"心中却不服气"都不能构成转折关系,可排除。短文并没有明确在齐白石指出错误后张大千的画是否被改动了,"却没办法改动"和"心中却不服气"在意思上无法构成转折关系,两个"却"也不能并列使用,排除C。

A **50.** 这是一道**名词辨析**题。根据短文,张大千外出写生时发现了树上趴着的蝉的确"几乎都是头朝上",结合下文,齐白石向张大千解释了蝉之所以头朝上趴在树上是因为"头大身小",使张大千终于"恍然大悟",因此在最初发现蝉头朝上趴在树上,对齐白石充满了敬佩的同时,张大千应该还是不明白其中的原因。四个词语中,只有"道理"可以表示事情或论点的是非得失的根据或理由、情理,符合题意,A正确。

"**传说**"是人们口头流传的关于某人某事的叙述或某种说法,不符合题意,排除B。"细节"指细小的环节或情节,和题意不符,排除C。"核心"指事物的中心和主要部分,和题意不符,排除D。

B **51.** 这是一道**形容词辨析**题。根据短文,蝉头朝上才能保持"重心",四个词语中,"稳"表示稳固、平稳,"重心稳"是一种固定和常见的搭配,B正确。

"硬"和"软"相对,不符合题意,排除A。"**棒**"指能力强或水平高,和题意不符,排除C。"宽"和"窄"相对,和题意不符,排除D。

C **52.** 这是一道**形容词辨析**题。四个词语中,能和动词"观察"搭配的只有"仔细",C正确。

严肃:严厉、严格,一般形容态度。

耐心:不急躁、不厌烦。

独特:特别。

53—56.

"免费"很招人喜爱，但有时也会使我们做出不明智的决定。

比如，面对一张免费的10元礼券与一张价格7元的20元礼券，大多数人会选择前者。其实这并不合算，因为20元的那张实际上让你获得了13元的 53 。但人们一看到"免费"这个词，理智往往就被抛到脑后了。

这种心理被越来越多的广告商和市场营销者所 54 ，因为只要带有"免费"这个词， 55 。

要警惕"免费"的诱惑，因为你可能 56 没有得到任何实惠。

53. A 赔偿　　　　B 罚款　　　　C 投资　　　　D 优惠

54. A 制定　　　　B 启发　　　　C 利用　　　　D 争取

55. A 这会节省不少钱　　　　　　B 哪怕出错了也没关系
    C 一旦我们下定决心买　　　　D 商品的吸引力就会大大提高

56. A 根本　　　　B 格外　　　　C 总算　　　　D 简直

D **53.** 根据短文，价格7元的20元礼券实际上让人们获得了13元的优惠和好处，四个词语中，"优惠"是超出一般、比一般优厚的意思，用在此处符合题意，D正确。

赔偿： 对损失、损坏和伤害的补偿。

罚款： 处罚违法者和违反合同者以一定数量的钱。

投资： 为达到一定目的而投入的资金。

C **54.** 这是一道**动词辨析**题。根据短文，免费"会使我们做出不明智的决定"，人们往往因为免费而把理智"抛到脑后"，因此人们过分追求免费的心理有可能会被商家所"利用"，所以下文才会提醒大家要"警惕'免费'的诱惑"。四个词语中，"利用"表示用手段使人或事物为自己服务，符合商家的行为特征，C正确。

制定： 定出法律、规程、政策等。

启发： 阐明事例，引起对方联想而有所领悟，启发的对象一般是人。

争取： 力求获得，对象一般是"机会、时间"等。

D **55.** 本题考查的是关联词语的固定搭配和语言逻辑。根据短文，在"免费"的前提条件下，商品对人的吸引力必然会很强烈，因此"商品的吸引力就会大大提高"可以作为"只要带有'免费'这个词"的对应结果。"只要……就……"是一组固定搭配，也是表示条件关系的关联词语，前者是后者的充分条件，D正确。

A **56.** 这是一道**副词辨析**题。"根本"表示从头到尾、始终、全然，一般用于否定句，语气比较强，结合短文，大家要"警惕'免费'的诱惑，因为你可能根本没有得到任何实惠"，"根本"用在此处符合题意，A正确。

格外： 超过寻常。

总算： 经过相当长的时间或经过一番努力后某种愿望终于实现。

简直： 完全如此，语气比较夸张，但一般在说明事实情况时使用，如：这里简直太远了。

57—60.

从前有一个少年，他见什么学什么，但学一样丢一样，__57__没有学会任何东西。后来，他竟然怀疑自己走路的姿势有问题，他听说邯郸人走路姿势很美，便去那里学习。

一开始，他整天站在街头，__58__，再模仿他们，可总觉得不像。他想最好忘掉自己从前走路的方法，这样才能专心学习。但即便如此，他仍然觉得自己没学到位。没多久，钱花光了，他才想起回家，可这时他已经不知道该__59__走路，只好爬回去了。

后来人们就用"邯郸学步"来比喻一些人一味模仿，不仅没有学到别人的长处，反而__60__了自身的特色。

57. A 始终　　　　B 连忙　　　　C 迟早　　　　D 随时

58. A 思考自己的未来　　　　B 摆出各种各样的造型
    C 研究每个人走路的姿态　　D 热情地向路人介绍自己

59. A 各自　　　　B 如何　　　　C 任何　　　　D 其余

60. A 耽误　　　　B 失去　　　　C 消失　　　　D 延长

A 57. 这是一道**副词辨析**题。根据短文，少年"见什么学什么，但学一样丢一样"，可见他一直"没有学会任何东西"。四个词语中，"始终"表示从头到尾，是一直的意思，A正确。

连忙：赶紧、急忙。

迟早：早晚，表示某件事一定会发生，如：我们迟早会见面的。

随时：不管什么时候，如：你随时都能来我家做客。

C 58. 这道题主要考查的是逻辑。根据短文，少年"怀疑自己走路的姿势有问题"，便去学习邯郸人走路，再结合上下文，"他整天站在街头……再模仿他们"，从逻辑上来说，应该是先研究，之后才是模仿，"研究每个人走路的姿态"符合题意，C正确。

B 59. 这是一道**副词辨析**题。根据"可这时他已经不知道该……走路，只好爬回去了"，"爬"是回去的方式，可知少年此时已经不知道该怎么走路了，这里需要一个疑问代词，四个词语中，只有"如何"是疑问代词，表示怎么，怎么样，用在此处符合题意，B正确。

各自：人称代词，表示各人自己，如：大家吃过饭就各自回家了。

任何：指示代词，表示不论什么，如：任何人都不能在这里抽烟。

其余：指示代词，表示剩下的，如：小张留下来，其余的人可以先走了。

B 60. 这是一道**动词辨析**题。"不仅没有学到别人的长处，反而……了自身的特色"，"不仅……反而……"表示递进关系，比"没有学到别人的长处"更进一步的，是失掉了自己的特色，四个词语中，"失去"表示失掉了原有的东西，用在此处符合题意，B正确。

耽误：因拖延或错过时机而误事，如：别耽误时间了，快走吧。

消失：人或事物逐渐减少以至没有，不复存在，"消失"的后面不能带其他词语，只能说某人或某事物消失了，如：彩虹消失了。

延长：向长的方面发展，如：听说这次会议要延长一天。

第 61—70 题：请选出与试题内容一致的一项。

61. 教育学家指出，让孩子做家务可以锻炼孩子的动作技能，促进其认知能力的发展，增进他们的责任感。家长让孩子在家庭中负起责任很重要，而最好的方式就是让他们承担一部分家务。

　　A 家长要耐心教育孩子　　　　B 家长要学会表扬孩子
　　C 让孩子做家务很有必要　　　D 要从小培养孩子的兴趣爱好

62. 家里精心种植的花草常会莫名其妙地枯萎，而野生植物却不管旱涝总能保持旺盛的活力。人也是一样，过于舒适的成长环境，容易消磨人的意志，让人止步不前。很多时候，苦难反而能让我们变得更强大。

　　A 心情易影响工作效率　　　　B 压力大的人宜养植物
　　C 植物适应环境的能力非常强　D 艰苦的环境有助于人的成长

63. 有效的沟通不仅要有良好的口才，还要善于倾听。只有听懂对方的意思，才能更好地理解别人，从而进行更有效的沟通。同时具备这两种能力，我们便可以在公众场合自如地与人沟通交流。

　　A 要懂得宣传自己　　　　　　B 要重视书面表达能力
　　C 知识越丰富表达能力越好　　D 沟通需要好口才和理解能力

64. 世界气象组织将每年的3月23日确定为世界气象日，并且每年都会选定一个主题。2014年世界气象日的主题是"天气和气候：青年人的参与"，旨在鼓励青年人关注全球气候变化，并积极参与环保活动。

C 61. 从"让孩子做家务可以锻炼……，促进……，增进……，而最好的方式就是让他们承担一部分家务"可以推断C正确。

D 62. 从"过于舒适的成长环境，容易消磨……，苦难反而能让我们变得更强大"可以推断D正确。

D 63. "同时具备这两种能力，我们便可以在公共场合自如地与人沟通交流"，此处的两种能力指的就是"良好的口才"和"更好地理解别人"，D正确。

B 64. 由"世界气象组织……并且每年都会选定一个主题"可知B正确。A和D没有提到，可以排除。"青年人的参与"是2014年世界气象日的主题，目的是为了"鼓励青年人关注全球气候变化"，并不是说气候变化对青年人的影响更大，排除C。

A 全球气候条件会越来越好

B 世界气象日每年都有一个主题

C 气候变化对青年人的影响更大

D 世界气象组织年轻工作人员多

65. 研究表明，并非所有感冒均须服药。专家表示，是否需要吃药取决于感冒类型。普通感冒不需要吃药，多喝水、多休息就可以了。但对于流行性感冒或由其他细菌感染引起的感冒，还是应该及时就医，避免病情加重。

A 感冒很容易传染　　　　　　B 普通感冒无须吃药

C 生病了要及时治疗　　　　　D 打喷嚏是感冒的主要症状

66. 烟袋斜街位于后海北侧，是北京十大胡同之一，也是一条极具传统文化特色的商业步行街。街道两侧的建筑保留了明清时代的传统风格，古朴典雅。街上商店鳞次栉比，古玩店、工艺品小店以及各色餐厅、酒吧应有尽有。在这里，你会感受到古老与现代、传统与时尚的交融碰撞。

A 烟袋斜街始建于清朝　　　　B 烟袋斜街的建筑十分古典

C 烟袋斜街是著名的美食街　　D 烟袋斜街共连接10条胡同

67. 晴朗的日子里，我们会发现有时飞机从空中飞过，尾巴后面会拖着一条白色的带子。这种飞机一般是喷气式飞机，它们在高空飞行时，机尾会喷出大量气体，这些气体会跟空气中的水汽凝结成小水珠，远远看上去就像一条"白带子"。

A 傍晚"白带子"最明显　　　B 喷气式飞机的机尾特别长

C "白带子"其实是小水珠　　D 喷气式飞机对空气污染大

B 65. 从"普通感冒不需要吃药，多喝水、多休息就可以了"可推断出B正确，排除C。文中只提到"其他细菌感染引起的感冒"应该"及时就医"，没有说感冒容易传染，排除A。D没有提到，可排除。

B 66. 由"烟袋斜街位于……街道两侧的建筑……古朴典雅"，可推出B正确。
根据"街道两侧的建筑保留了明清时代的传统风格"，可知烟袋斜街始建于明朝，排除A。文中只提到烟袋斜街"各色餐厅、酒吧应有尽有"，并没说这里是著名的美食街，排除C。"烟袋斜街……是北京十大胡同之一"，并非说这条街共连接10条胡同，排除D。

C 67. 根据关键句"这些气体会跟空气中的水汽凝结成小水珠，远远看上去就像一条'白带子'"，可知"白带子"其实就是小水珠，C正确。
根据"晴朗的日子里，我们会发现……尾巴后面会拖着一条白色的带子"，可知"白带子"是在晴朗的日子里最明显，排除A。B、D没有提到，可排除。

68. 《朝花夕拾》出版于1928年，是著名文学家、思想家鲁迅写的一部回忆性散文集。作者以优美的语言、深沉而热烈的感情回忆了自己童年、少年和青年时期的生活片段，从侧面描绘了中国当时的社会景象，体现了作者对人生和社会变革的思考。

A 《朝花夕拾》是长篇小说

B 《朝花夕拾》的语言非常难懂

C 《朝花夕拾》是鲁迅的第一部作品

D 《朝花夕拾》反映了当时的社会状况

69. 老师问：一滴水怎样才能不干？学生沉默。老师说道：一滴水，风可以将它吹干，太阳可以让它蒸发。要想生存，只有融入大海。一个人就如一滴水，要想取得成功，就要学会与人合作，就要融入集体。这就是我们常说的：再强大的个人都不如一个团结的集体。

A 要懂得与人合作　　　　　　B 性格是成功的关键

C 不要忽视个人力量　　　　　D 要善于发挥自身优势

70. 中国是世界上最早研究和使用竹子的国家。竹子空心，躯干笔直，四季常青，人们常用它来象征虚心、高洁和坚强等精神品格。另外，竹子还是制作乐器的重要材料，古人常用"丝竹"来指代音乐。可以说，中国人对竹子有着特殊且深厚的感情。

A 竹乐器制作过程复杂

B 面积最大的竹林在中国

C 竹子表面一点儿都不光滑

D 竹子在中国文化中有美好的寓意

D 68. 从"作者以优美的语言……从侧面描绘了中国当时的社会景象"可推断D正确。

"《朝花夕拾》……是……一部回忆性散文集",并非长篇小说,排除A。

"作者以优美的语言……",排除B。C没有提到,也可排除。

A 69. 本题关键句是"一个人就如一滴水,要想取得成功,就要学会与人合作",以及"再强大的个人都不如一个团结的集体",这两句话都强调了个人力量的不足和合作的重要性,因此,A正确。

D 70. 根据关键句"人们常用它来象征虚心、高洁和坚强等精神品格",可知竹子在中国文化中有美好的寓意,D正确。

文中只说竹子"是制作乐器的重要材料",没有提到竹乐器的制作过程是否复杂,排除A。文中提到"中国是世界上最早研究和使用竹子的国家",没有提到竹林,排除B。C没有提到,也可排除。

第三部分

第 71—90 题：请选出正确答案。

71—74.

一个小男孩儿刚学物理时，成绩很差，有次只考了8分。老师找他谈话，他沮丧地说："老师，我不适合学物理。"老师想了想，笑着对他说："下次你只要考到9分，就算你及格了。"他心想这不难做到，就痛快地答应了，结果在接下来的那次考试中他得了28分。

虽然他考得比上次高了很多，但他的分数仍然是班上最低的。为了鼓励他，老师又想了一个办法，她把全班同学两次考试的成绩做了对比，得出了一个新分数，例如上次考90分，这次还是90分，得分就是零；上次93分，这次95分的，得分就是二……这样，这个男孩儿得到了全班的最高分——20分。老师把他叫到办公室，给他看同学们两次考试的分数差，然后问他："谁进步最大？"他惊喜地看到，进步最大的居然是自己。

他一下子就兴奋了起来，心想自己只要稍微努力一下，就是全班进步最大的。从那以后，他再也没怀疑过自己的学习能力。渐渐地，他喜欢上了物理，成绩也突飞猛进，最终成了全世界最伟大的物理学家之一。

71. 根据第1段，老师找他谈话，是因为他：

A 想退学 B 分数太低
C 不遵守纪律 D 课上不积极

72. 第2段画线句子中的"办法"指的是：

A 单独给他辅导 B 给他换了座位
C 重新安排一次考试 D 比较两次考试的分数

73. 根据上文，他为什么很兴奋？
    A 被名校录取了   B 发现自己进步最大
    C 研究成果得到了认可   D 老师同意了他的请求

74. 下列哪项最适合做上文的标题？
    A 鼓励的力量   B 老师的烦恼
    C 人生需要梦想   D 骄傲的物理学家

B 71. 根据这篇文章，小男孩刚学物理时，"成绩很差，有次只考了8分"，所以"老师找他谈话"，B正确。

D 72. "老师又想了一个办法，她把全班同学两次考试的成绩做了对比，得出了一个新分数，……"，由此可知，老师是用两次考试的分数差来鼓励自己的这位学生，让他知道自己进步很大，D正确。

B 73. 根据关键句"他惊喜地看到，进步最大的居然是自己"和"他一下子就兴奋了起来"，可知发现自己进步最大是他兴奋的原因，B正确。

A 74. 这是一道主旨题，需要对全文进行概括。通读全文，可知这位老师在小男孩的物理只考了8分时就开始鼓励他"考到9分"就算及格了。为了继续鼓励自己的学生，老师又通过计算两次考试的分数差让男孩成为全班进步最大的学生，结合"惊喜""兴奋"等关键词，可知老师的鼓励对于男孩的重要性。文章在最后告诉我们，男孩"最终成了全世界最伟大的物理学家之一"，进一步说明了鼓励能产生巨大的力量，A正确。

B、D在文中并没有提到，可排除。C比较片面，不能概括整篇文章，可排除。

75—78.

李安进公司两年了，工作尽职尽责，从未受过批评。

可有一天，他忍不住去找经理理论："经理，我在公司这两年，没出过任何差错，没得到提拔。小罗才来公司半年，我们干一样的工作，他却升了部门主任，这不公平。"

经理思考了一下，对他说："我一会儿再向你解释。我正要给大家准备午餐水果，街道拐角处就有一家水果店，你帮我看看那里有没有桔子。"李安出去很快就回来了。

经理问他："那里有桔子吗？""有。""多少钱一斤？""啊？这个我没问。""桔子多不多？够我们员工吃吗？""我没注意。""那里还有其他水果吗？""好像有，但……""没事，你先坐下稍等一会儿。"

经理打电话叫来了小罗，并给了他与李安同样的任务。15分钟后，小罗回来了，经理问他："小罗，那里有桔子吗？"

"经理，那里有桔子，足够我们员工吃一顿，每公斤三块钱。店主说如果买得多，可以给8%的折扣。另外，那里还有香蕉、木瓜等水果。我已经预订了桔子，如果您还想要其他水果，我再去一趟。"

经理转向身旁一脸惊讶的李安，问道："你还有什么疑问吗？"李安红着脸说："经理，我明白了，抱歉。"

75. 李安为什么觉得不公平？
   A 小罗奖金比他多　　　　　　B 他常被派去外地出差
   C 经理对他总是不耐烦　　　　D 他认真工作却没有升职

76. 经理让李安做什么？
   A 买午餐　　　　　　　　　　B 为宴会做准备
   C 同水果店老板谈合作　　　　D 去水果店看有无桔子

77. 关于小罗，可以知道：

A 经理很欣赏他　　　　　　　B 不会讨价还价

C 觉得特别委屈　　　　　　　D 进公司比李安早

78. 李安最后明白什么了？

A 做事要专心　　　　　　　　B 不要害怕吃亏

C 考虑问题要全面　　　　　　D 要勇于承认错误

D 75. 根据文章，李安认为自己在公司两年"没出过任何差错"，却"没得到提拔"，可知李安觉得自己认真工作却没有升职，D正确。

D 76. 根据"街道拐角处就有一家水果店，你帮我看看那里有没有桔子"，可知经理让李安去水果店看有无桔子，D正确。

A 77. 这道题目可以用排除法来找到答案。根据"店主说如果买得多，可以给8%的折扣"，可知小罗是会讨价还价的，排除B。觉得委屈和不公平的是李安，不是小罗，排除C。李安"进公司两年"，小罗"才来公司半年"，排除D。以上都排除，A正确。

C 78. 和只知道店里有桔子的李安相比，小罗不仅预订了桔子，还对桔子的价格、数量、折扣以及其他水果的情况了解得非常清楚。通过这种办法，经理让李安了解了工作不仅需要认真，也需要全面考虑问题，因此C正确。

79—82.

钥匙，家家都有，再平常不过了。然而，有人竟搜集了古今中外约两万把钥匙，还建了个人收藏馆——金钥匙博物馆。这个人就是上海钥匙收藏家赵金志。赵金志从小就与钥匙结下了不解之缘。那时父亲做小生意，收来很多废铜烂铁。他一旦从中发现形态奇特的钥匙，便如获至宝。而且，只要知道哪里有值得收藏的钥匙，他都会<u>千方百计</u>找回来。一次，他得知广东某地有一把"放大镜钥匙"。当时正值台风季节，交通不便，可他还是风雨兼程赶到广东，最终得到了那把钥匙。

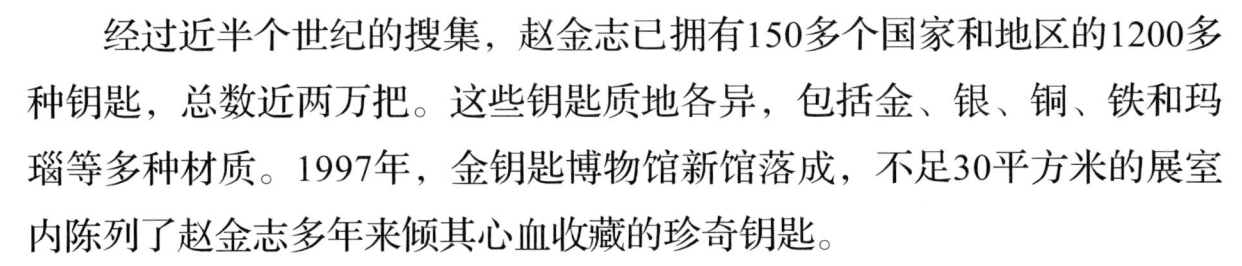

经过近半个世纪的搜集，赵金志已拥有150多个国家和地区的1200多种钥匙，总数近两万把。这些钥匙质地各异，包括金、银、铜、铁和玛瑙等多种材质。1997年，金钥匙博物馆新馆落成，不足30平方米的展室内陈列了赵金志多年来倾其心血收藏的珍奇钥匙。

在这些藏品中，有多项世界之最。比如世界上最小的钥匙，它雕刻在一根头发丝上，只有凭借显微镜将其放大100多倍才能看清楚；再比如唐代钥匙"锁寒窗"，因其造型酷似古代的窗格而得名，是中国现存最早的钥匙。这些珍贵的藏品无不令人称奇。

79. 第2段画线词语"千方百计"最可能是什么意思？

A 态度诚恳　　　　　　　　B 打听消息

C 想尽一切办法　　　　　　D 计算能力特别强

80. 第3段主要谈的是：

A 钥匙的各种功能　　　　　B 钥匙的制作工艺

C 赵金志的钥匙收藏情况　　D 金钥匙博物馆的建成过程

81. 关于"世界上最小的钥匙",下列哪项正确?

　　A 已经失传　　　　　　　　　B 被折断了

　　C 做工比较粗糙　　　　　　　D 仅凭肉眼无法看清

82. 根据上文,可以知道:

　　A "锁寒窗"得名于形状　　　　B 金钥匙博物馆规模很大

　　C 赵金志只收藏中国钥匙　　　D 家人不支持赵金志搞收藏

C 79. "千方百计"是个成语。根据文章,赵金志某次为了得到一把钥匙,尽管"当时正值台风季节,交通不便,可他还是风雨兼程赶到广东,最终得到了那把钥匙",可见赵金志为了得到自己喜欢的钥匙想尽了一切办法,C正确。

C 80. 这是一道**主旨**题,需要对第三段话进行概括。第三段话介绍了赵金志的藏品中包括"世界上最小的钥匙"和"中国现存最早的钥匙","形似古代窗格"的唐代钥匙"锁寒窗",也就是赵金志的钥匙收藏情况,C正确。

D 81. 这是一道**推断**题。文章第三段介绍世界上最小的钥匙"雕刻在一根头发丝上,只有凭借显微镜将其放大100多倍才能看清楚",也即仅凭肉眼无法看清,D正确。

A 82. 这是一道**细节**题,需要根据选项,对照文章,用排除法来找到答案。根据第三段话,唐代钥匙"锁寒窗""因其造型酷似古代的窗格而得名",可知A正确。由"不足30平方米的展室内陈列了……",排除B。"赵金志已拥有150多个国家和地区的1 200多种钥匙",排除C。D在文章中没有提到,也可排除。

83—86.

某公司新建了一个商场，并打算将楼里30多个黄金铺位一一拍卖。

9点半，最好的铺位首先开始拍卖，起价是30万元。拍卖师话音刚落，一位中年人便举手叫价："80万！"顿时，整个拍卖现场鸦雀无声，大家都吃惊地看着这位中年人。拍卖师在拍卖席上大声喊："有没有超过80万的？80万第一次！80万第二次！好，成交！"就这样，最好的铺位被中年人拍走了。

第二个铺位稍微逊色些，但起价也是30万。这时，拍卖现场的气氛变得火热起来。拍卖师一说出价格，便有人举手示意40万，有人高喊50万，竞争相当激烈。最后，它以100万的价格成交。

才一个上午，30多个铺位就被拍卖一空，最差的铺位也拍出了35万元。有心人不难发现，整场拍卖会，第一个竞拍者其实是最大的赢家。

后来，这位竞拍者说："凭我的经验，如果按常规方式竞拍，这个铺位最后一定会超过100万。拍卖场如战场，稍有迟疑，就会错失良机。所以拍卖师一出价，我就直接把价格抛到了自己的理想价位上，让其他人措手不及。当时我心里也很紧张，怕有人继续抬价，幸好他们都还没做好思想准备，我这才成功拿下了这个铺位。"

83. 中年人出价后，其他竞拍者：

　　A 很无奈　　　　　　　　B 很吃惊
　　C 纷纷退场　　　　　　　D 都想阻止他

84. 关于第二个铺位，下列哪项正确？

　　A 还未装修　　　　　　　B 地理位置最好
　　C 起价比第一个高　　　　D 最后拍到了100万元

85. 根据最后一段，可以知道：

A 中年人十分后悔   B 把握机会很重要

C 目标不要定得太高   D 中年人缺乏拍卖经验

86. 最适合做上文标题的是：

A 拍卖师的一天   B 拍卖场上的智慧

C 黄金铺位的秘密   D 狡猾的拍卖公司

B 83. 由"大家都吃惊地看着这位中年人"可知B正确。

D 84. "第二个铺位……最后，它以100万的价格成交"，D正确。

B 85. 本题需要对最后一段的内容进行概括，关键句是"拍卖场如战场，稍有迟疑，就会错失良机"，中年人也的确是乘别人"没有做好心理准备"时抓住了机会，"成功拿下了"铺位。由此可见，最后一段强调的是把握机会的重要性，B正确。

B 86. 这是一道**主旨**题，需要通读全文来找到答案。根据文章，中年人在拍卖会的开始就喊出了高价，让其他人"措手不及"，成为本次拍卖会"最大的赢家"。在文章的最后一段，中年人也分享了自己之所以能成功的方法，以及如何抓住别人的心理一步步走向成功，并强调了不能迟疑，否则就会"错失良机"，可见中年人在这场拍卖会中完美地发挥了智慧的力量，B正确。

87—90.

中国有句俗语叫"一寸光阴一寸金",意思是说时间贵如黄金,要好好珍惜。有人觉得这种说法很奇怪,时间怎么能讲尺寸呢?

其实,古人的确曾用"尺"测量过时间的长短,他们通过观察阳光下竹竿影子的长短来推算时间。但这个方法在晚上或者阴雨天就没办法测量了,所以渐渐被淘汰了。后来,人们又发明了铜壶滴漏。铜壶滴漏一般由两个或两个以上的铜壶组成,安放在台阶或架子上,铜壶均有小孔滴水。人们在最上面的铜壶里盛满水,水从几个壶中依次滴下来,最后滴入最底层的水壶。这个水壶中间插着一支标有刻度的箭,这些刻度就代表一天一夜。箭随着水量的增加而逐渐上升,刻度就会一点点显示出来。人们就通过观测箭上显示的刻度来计算时间。"一刻千金""刻不容缓"的"刻"就是从这里来的。

现在我们是用钟表来计算时间,即把一天一夜分成24个小时,每小时分为60分钟,每分钟分为60秒,于是又有"争分夺秒""分秒必争"之类的说法。

87. 根据第1段,人们对什么感到奇怪?

  A 时差的存在   B 时间可以买卖
  C 时间能用尺子量   D 时间和黄金一样珍贵

88. 用竹竿影子推算时间的缺点在于:

  A 必须有阳光   B 空气要湿润
  C 测量不准确   D 受地势影响较大

89. 关于最底层的水壶，下列哪项正确？

　　A 水位会逐渐上升　　　　　　B 箭上只有两个刻度

　　C 水流的速度越来越慢　　　　D 一壶水可以滴一个晚上

90. 上文主要介绍的是：

　　A 计时方法　　　　　　　　　B 成语故事

　　C 如何制作钟表　　　　　　　D 怎样合理分配时间

C **87.** 从"有人觉得这种说法很奇怪，时间怎么能讲尺寸呢？"可以推断出C正确。A、B不符合题意，可排除。第一段虽然说了"时间贵如黄金"，但这一点并不是人们奇怪的原因，排除D。

A **88.** "他们通过观察阳光下……，但这个方法在晚上或者阴雨天就没办法测量了"，可见用竹竿影子推算时间的条件是必须有阳光，受到天气和时间的限制，A正确。

A **89.** "箭随着水量的增加而逐渐上升"，表示水位也会逐渐上升，A正确。

A **90.** "这是一个**主旨**题，需要对全篇内容进行总结。通读全文，文章的第二段先是介绍了中国古人"通过观察阳光下竹竿影子的长短来推算时间"的方法，又详细介绍了古人是如何用"铜壶滴漏"的方法来计算时间的，最后一段则提到现代人用钟表计算时间，从古代到现代的计时方法都在这篇文章中得到体现，因此上文的主题是"计时方法"，A正确。

三、书写

第一部分

第 91—98 题：完成句子。

例如：发表　这篇论文　什么时候　是　的
　　　<u>这篇论文是什么时候发表的？</u>

91. 围绕　讨论会将　这个主题　展开

讨论会将围绕这个主题展开。

名词"讨论会"作句子的主语，动词"展开"作句子的谓语，因此是"讨论会将展开"，动词"围绕"的对象应该是"主题"，可以组成"围绕这个主题"。按照逻辑，"围绕这个主题"和"展开"构成了先后连动，组成"围绕这个主题展开"。

92. 答案　给你明确的　我目前　无法

我目前无法给你明确的答案。

根据所给的词语，应该是"我给你明确的答案"，因此组成了"我目前给你明确的答案"，"无法"表示否定，一般在其他动词的前面，所以是"无法给你明确的答案"。

93. 技术　改进　他对这项　进行了

他对这项技术进行了改进。

"项"是量词，可以修饰"技术"，因此是"他对这项技术"，"进行"的后面一般跟其他动词，所以是"进行了改进"，"改进"的对象自然是"技术"，由于"进行+动词"的后面不能跟动作的对象，我们一般说"对+（某个对象）+进行+动词"。

94. 很　　当地的　　有名　　特色小吃

当地的特色小吃很有名。

这是一个形容词谓语句。名词短语"特色小吃"作句子的主语，形容词"有名"作句子的谓语，副词"很"表示程度，修饰形容词"有名"，因此是"特色小吃很有名"。"当地"作定语，修饰"特色小吃"。

95. 把　　程序　　我　　安装　　好了

我把程序安装好了。

这是一个"把"字句。"把"字句的基本结构是：施事主语+"把"+受事宾语+动词+其他成分。人称代词"我"作句子的主语，动词"安装"的对象当然是"程序"，因此组成"我把程序安装"，"好了"补充说明"安装"的结果。

96. 在不断　　原材料的　　上涨　　价格

原材料的价格在不断上涨。

"上涨"的应该是"价格"，因此组成"价格上涨"，"原材料"作定语修饰"价格"，组成"原材料的价格上涨"，副词"不断"应该在"上涨"前面，组成"不断上涨"。

97. 从　　辞职了　　那家　　他已经　　报社

他已经从那家报社辞职了。

"辞职"的人应该是"他"，因此组成"他辞职了"。介词"从"的对象应该是"报社"，根据逻辑，应该是"他从报社辞职了"，"那家"是量词，修饰"报社"。

98. 她　　实验报告的　　发愁　　在为　　事情

她在为实验报告的事情发愁。

人称代词"她"作句子的主语，动词"发愁"作句子的谓语，组成了"她发愁"。我们一般说"为某事发愁"，因此是"她在为事情发愁"，名词短语"实验报告"作定语修饰名词"事情"。

第二部分

第 99—100 题：写短文。

99. 请结合下列词语（要全部使用，顺序不分先后），写一篇80字左右的短文。

兼职　辛苦　差距　坚持　自豪

> 这篇短文可以以"坚持"为主题，讲述一个为了交学费而去超市做"兼职"的女孩，尽管又要上课又要打工，非常"辛苦"，女孩却仍然为自己感到"自豪"，并打算一直坚持下去。

参考答案一：

　　快开学了，由于手里的钱离要交的学费还有些差距，乐乐去一家24小时超市做了兼职。她白天上课，晚上打工，虽然辛苦，却很为自己感到自豪。为了生活，乐乐告诉自己一定要努力坚持下去。

这篇短文还可以以"兼职"为主题，讨论社会上对于"兼职"这一现象的两种评价，一种是支持，另一种是反对。两种声音各有自己的观点，也有各自的理由。

参考答案二：

　　大学生到底该不该兼职？目前在社会上出现了两种声音。一种声音认为兼职非常辛苦，可能会拉大和同学的学习差距。另一种声音则坚持大学生也应该学习独立，认为兼职既能赚钱，又能得到锻炼，是值得自豪的事。

100. 请结合这张图片写一篇80字左右的短文。

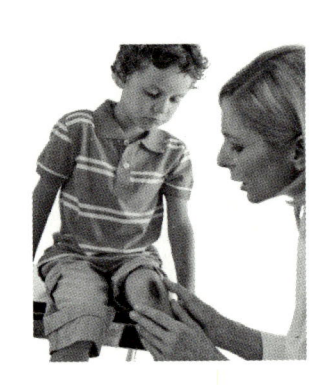

图片上有两个人,左边是一个男孩儿,右边是一位女士。男孩儿穿着橘色的上衣,灰色的裤子,看上去心情不太好,满脸的不开心。他的一只裤腿卷了上去,露出受伤的腿。女士用两只手捧着孩子的腿,正在关心地说着什么。

参考答案一:

女士是男孩儿的妈妈,由于男孩儿比较调皮,不听妈妈的话,导致自己的腿受了伤。

　　大卫是个调皮的男孩儿,越不让他做的事儿,他越是要做,让大人非常头疼。今天大卫的心情有点糟糕,原来是因为他不听话,非要爬一棵很高的树,结果不小心从树上摔了下来,伤了腿,现在正哭着让他妈妈给他擦药呢。

参考答案二：

假如孩子摔倒了，家长的第一反应是安慰，还是让孩子自己爬起来。

　　如果孩子摔倒了，你的第一反应会是什么？马上抱起来安慰？还是故意不理？相信大部分家长都不忍心让孩子独自面对受伤的情况，但也有父母选择让孩子坚强一点，自己爬起来，其实这两种反应都是爱。

HSK（五级）真题试卷解析（二）

一、听 力

第一部分

扫描二维码，🎧1—45
http://2d.hep.cn/44349/4

第1—20题：请选出正确答案。

1. A 车库
   B 火车上
   C 博物馆
   D 俱乐部

   🎧 女：先生，车厢人多拥挤，请把大件行李放在行李架上。
   男：好的，我整理一下就放上去。
   问：他们最可能在哪儿？

2. A 会做家务了
   B 是健身教练
   C 暑期去实习了
   D 想参加夏令营

   🎧 男：一个暑假没见，你瘦了好多。
   女：我去实习了，在一个夏令营当老师，虽然有点儿累，不过很锻炼人。
   问：关于女的，可以知道什么？

3. A 很生动
   B 角度独特
   C 颜色不均
   D 线条太细

   🎧 女：爸，您看我这幅水墨画画得怎么样？
   男：构图不错，就是上色不均匀。你看，这里颜色淡了。
   问：男的觉得那幅画儿怎么样？

B 1. 根据"车厢""行李架"等关键词,可知他们最可能是在火车上,B正确。车库、博物馆里不需要放置行李,排除A和C。俱乐部里也不会出现"车厢",排除D。

C 2. 根据"一个暑假没见""我去实习了",可知女的暑期去实习了,C正确。A、B没有提到,可排除。女的"在一个夏令营当老师",而不是想参加夏令营,排除D。

C 3. 本题关键句是"上色不均匀",C正确。

水墨画:由水和墨经过调配比例浓度所画出的画,是绘画的一种形式。更多时候,水墨画被视为中国传统形式,也就是国画的代表。也称国画,中国画。

4. A 太骄傲了
B 经验不足
C 有队员受伤了
D 没抓住进球机会

男：昨天的球赛哪个学院赢了？
女：物理学院，文学院本来有几个进球机会，可惜都没把握住。
问：文学院为什么会输？

5. A 产品类型
B 当月营业额
C 公司交税情况
D 部门所需办公用品

女：公司要集中采购一批办公用品，你们部门需要什么？
男：我先统计一下，稍后告诉你。
问：男的要统计什么？

6. A 记者
B 作家
C 模特
D 导演

男：这次你要去采访谁？
女：一位华裔摄影师，我们杂志上登过很多他的作品。
问：女的最可能是做什么的？

7. A 换个姿势
B 歇一会儿
C 去医院检查
D 调整椅子高度

女：可能是坐得太久了，我脖子有点儿不舒服。
男：是你的椅子太低了吧，你调整一下高度试试。
问：男的建议女的怎么做？

8. A 女的要移民
B 卧室面积很小
C 房子位置不错
D 男的想出租公寓

男：下个月我就要出国了，得尽快把这套公寓租出去。
女：我有个朋友开了一家房屋中介公司，我帮你问问他吧。
问：根据对话，下列哪项正确？

D 4. 根据"文学院本来有几个进球机会，可惜都没把握住"，可知没抓住机会进球，是文学院输的原因，D正确。

D 5. 根据"公司集中采购一批办公用品，你们部门需要什么？""我先统计一下"，可知需要的和统计的是同一个对象——办公用品，D正确。

A 6. 根据"我们杂志上登过很多他的作品"，可知女的在杂志社工作，再结合关键词"采访"，推断女的最可能是位记者，A正确。

华裔：华侨在侨居国所生并取得侨居国国籍的子女，如：美籍华裔，指的就是在美国出生并取得美国国籍的华侨后代。

D 7. 看本题关键句是"你调整一下高度试试"，D正确。要注意"换个姿势"和"调整椅子高度"的不同之处。

D 8. 本题关键句是"得尽快把这套公寓租出去"D正确。是男的下个月"就要出国了"，而非女的要移民，排除A。B、C都没有提到，可排除。

9. A 同事
    B 姑姑
    C 外婆
    D 妻子

女：你的包裹到了，我顺便帮你拿来了。
男：谢谢。太好了，肯定是我姑姑寄来的围巾和帽子。
问：谁给男的寄包裹了？

10. A 根很粗
    B 叶子有毒
    C 不结果实
    D 可治疗过敏

男：这种植物的叶子有一定毒性，碰到后皮肤容易过敏。
女：不要紧，我戴着手套呢，采的时候我会小心的。
问：关于这种植物，下列哪项正确？

11. A 失业了
    B 输错密码了
    C 忘带身份证了
    D 驾照被取消了

女：糟糕，我忘了带身份证。
男：很抱歉，小姐，办理这项业务必须要有身份证原件。
问：女的怎么了？

12. A 总是有雾
    B 特别暖和
    C 十分干燥
    D 经常刮风

男：今年冬天实在太干燥了，一场雪都没下。
女：是呀，又冷又干，大家都盼望着快点儿下场大雪呢。
问：今年冬天天气怎么样？

13. A 新闻媒体
    B 服装设计
    C 室内装修
    D 投资理财

女：你还在广告公司做设计吗？
男：对，不过下半年我可能会辞职，我将来想往室内装修这方面发展。
问：男的想往哪个方向发展？

B 9. 本题关键句是"肯定是我姑姑寄来的围巾和帽子",B正确。

B 10. 本题关键句是"这种植物的叶子有一定毒性",B正确。
A、C没有提到,可排除。根据"碰到后皮肤容易过敏",可知这种植物不但不能治疗过敏,反而是导致过敏的原因,排除D。

C 11. 本题关键句是"糟了,我忘了带身份证",C正确。

C 12. 根据"实在太干燥了""又冷又干",可知今年冬天天气非常干燥,C正确。

C 13. 本题关键句是"我将来想往室内装修这方面发展",C正确。

14. A 没晒干
B 不结实
C 很时尚
D 掉颜色了

男：你的牛仔裤在阳台上晒了两天了吧，怎么还不收进来？
女：裤子太厚了，还没干呢。
问：关于那条牛仔裤，可以知道什么？

15. A 鼠标
B 光盘
C 充电器
D 移动硬盘

女：请问，买动画片光盘应该去几层？
男：就在这层，到前面往左拐，就能看见卖音像制品的地方了。
问：女的想买什么？

16. A 发工资了
B 论文发表了
C 合作谈成了
D 被名校录取了

男：什么事让你这么兴奋？难道是中奖了？
女：比中奖还让人高兴，我和导师合作写的学术论文发表了！
问：女的为什么很兴奋？

17. A 播放器坏了
B 没下载成功
C 耳机没插好
D 电脑中病毒了

女：奇怪，我下载的歌曲怎么播放不了？
男：可能是你的播放器有问题，重新安装一个吧。
问：男的觉得问题可能出在哪儿？

18. A 要讲卫生
B 吃清淡些
C 买些蔬菜
D 少放些油

男：这家餐厅的菜太清淡了，价格倒是挺合理的。
女：清淡些更健康，你平时也应该注意一下。
问：女的提醒男的什么？

A 14. 根据"裤子太厚了，还没干呢"，可知裤子还没晒干，A正确。

B 15. 根据"买动画片光盘应该去几层？"可知女的想买光盘，B正确。

B 16. 本题关键句是"我和导师合作写的学术论文发表了"，可见女的是因为论文的发表而感到兴奋，B正确。

A 17. 本题关键句是"可能是你的播放器有问题"，A正确。
"我下载的歌曲怎么播放不了"，可见已经下载成功，只是不能播放，排除B。C、D都没有提到，可以排除。

B 18. 根据"清淡些更健康，你平时也应该注意一下"，可见女的提醒男的要注意吃得清淡些，B正确。
A、C不符合题意，所以排除。"少放些油"虽然也是吃清淡些的一种表现，但对话中并没有提到这一点，排除D。

19. A 专家名单
 B 热门研究领域
 C 杨教授的联系方式
 D 杨教授的教育背景

女：杨教授是研究小麦的专家，你有问题的话可以咨询他。
男：好，那麻烦你把他的联系方式给我吧。
问：男的想知道什么？

20. A 非常勇敢
 B 舞蹈功底不错
 C 业余生活丰富
 D 平时训练很刻苦

男：这些运动员的平衡能力真强，能在那么窄的木头上翻转。
女：是啊。"台上一分钟，台下十年功"，这都是刻苦训练的结果。
问：女的觉得那些运动员怎么样？

第二部分

第 21—45 题：请选出正确答案。

21. A 请勿拍照
 B 禁止进竹林
 C 需出示门票
 D 要爱护花草树木

女：我们去前面那片竹林拍照吧。
男：那边牌子上写着"请勿进入竹林"呢。
女：那算了，我们去别的地方吧。
男：好。
问：牌子上的话是什么意思？

22. A 拖欠罚款
 B 填错了信息
 C 借的书丢了
 D 没找到兼职

男：老师，我把图书馆的书弄丢了，怎么办？
女：按规定，你得买一本还回来，否则要交罚款。
男：我贴了寻物启事，实在找不到

C **19.** 根据"那麻烦你把他的联系方式给我吧",可知男的想知道杨教授的联系方式,C正确。

D **20.** 根据"……,这都是刻苦训练的结果",可知女的觉得运动员们训练很刻苦,D正确。

台上一分钟,台下十年功: 为了台上一分钟的表演时间,需要付出十年的艰辛努力。就是说外在的好形象是靠自己多年的历练才造就的。

B **21.** "请勿进入竹林","勿"表示不要,不能,也就是禁止进入竹林,B正确。

根据对话,并不是不让拍照,只是不能进入竹林拍照,排除A。C、D没有提到,可排除。

C **22.** 本题关键句是"我把图书馆的书弄丢了",C正确。

男的"得买一本还回来,否则就要交罚款",并不是真的拖欠了罚款,排除A。

我就去买。

女：好，那你先登记一下吧。

问：男的怎么了？

23. A 教育局
    B 工作单位
    C 建筑大厦
    D 报名网站

女：建筑师资格考试的结果已经公布了，你通过了吗？

男：我还不知道呢，在哪儿查？

女：登陆报名的那个网站就能查到。

男：好的，那我回去看看。

问：男的需要去哪儿查询成绩？

24. A 要剪发
    B 帽子破了
    C 手被烫伤了
    D 在理发店打工

男：欢迎光临，请问您是剪发还是烫发？

女：剪头发。王林发型师在吗？

男：抱歉，他今天休息。我给您推荐另一位发型师吧。

女：好的，谢谢。

问：关于女的，下列哪项正确？

25. A 制作粗糙
    B 思想深刻
    C 没小说好看
    D 画面很精彩

女：你平常喜欢看电影吗？

男：还行。不过比起电影，我更喜欢看小说。

女：其实很多电影就是根据小说改编的。

男：的确，但有些改编的电影远不如小说本身精彩。

问：男的认为有些改编的电影怎么样？

D 23. 本题关键句是"登陆报名的那个网站就能查到",可知男的需要去报名网站查询成绩,D正确。

A 24. 女的一开始就说自己要"剪头发",并问某个发型师是否在,A正确。

C 25. 根据"但有些改编的电影远不如小说本身精彩",可知男的认为改编的电影没有小说好看,C正确。

26. A 改项目方案
B 准备演讲稿
C 写实验报告
D 看娱乐节目

男：你的脸色怎么这么差？
女：为了修改一个项目方案，我昨晚加班到凌晨两点多。
男：以后别这么熬夜了，对身体伤害很大。
女：我知道了，以后尽量早点儿把工作做完。
问：女的为什么熬夜？

27. A 建分厂
B 买新设备
C 购买原料
D 为职工上保险

女：张总，银行来电话说我们的贷款申请批下来了。
男：太好了，贷款一到位我们就更新设备。
女：这样每个月的出货量大概能提高百分之三十。
男：对，让市场部抓紧时间多联系些新客户。
问：他们想用那批贷款做什么？

28. A 他们在参观会展
B 男的要招待嘉宾
C 园博会已经闭幕
D 女的应聘志愿者一职

男：你以前做过志愿者吗？
女：我去年做过商业会展的志愿者，主要负责接待嘉宾。
男：好。这次园博会将持续到下个月中旬，时间上你能保证吗？
女：没问题，我现在时间很充足。
问：根据对话，可以知道什么？

A **26.** 根据"为了修改一个项目方案……",可知女的熬夜是因为要改项目方案,A正确。

B **27.** 根据"货款一到位我们就更新设备",可知他们想用那批贷款买新设备,B正确。

D **28.** 根据对话,女的介绍自己曾经"做过商业会展的志愿者",并表示"现在时间很充足","持续到下个月中旬"的"园博会"对自己来说"没问题",推断女的正在应聘志愿者一职,D正确。

他们正在进行招聘活动,排除A。是女的曾经"负责接待嘉宾",而不是男的要接待嘉宾,排除B。园博会"将持续到下个月中旬",排除C。

29. A 容易安装
B 很难清洗
C 是玻璃的
D 需提前预订

女：这个书架是用什么材料做的？
男：钢木结构的。拆装方便，不易变形。
女：看着挺结实，就是有点儿旧。
男：这是样品，您要的话，我们从仓库给您搬新的。
问：关于那个书架，下列哪项正确？

30. A 看车展
B 买乐器
C 举办婚礼
D 听音乐会

男：元旦有空儿吗？我有两张新年音乐会的门票。
女：什么类型的音乐？
男：古典音乐，是用中国传统乐器演奏的。一起去吧？
女：行，听着很有意思。几点开始？
问：他们元旦要去做什么？

31. A 怎样培训新员工
B 怎样找到生意伙伴
C 如何稳定员工情绪
D 如何让员工专心开会

32. A 增加奖金
B 减少开会次数
C 会后确定记录员
D 亲自找员工谈话

第31到32题是根据下面一段话：

有个人向懂管理的朋友请教："每次召开部门会议，总有许多人心不在焉，做与会议无关的事。怎样才能让大家集中精力呢？"

朋友答道："这不难，你只要在会议结束后再宣布由谁做会议记录员就可以了。"

那个人照着朋友说的去做了。果然，从那以后，每次开会员工都非常

A 29. 本题说到"拆装方便",也就是容易安装,A正确。

B没有提到,可排除。根据对话,书架是"钢木结构的",而不是玻璃的,排除C。"您要的话,我们从仓库给您搬新的",无须提前预订,排除D。

D 30. 根据"我有两张新年音乐会的门票""一起去吧?""行",可知女的答应了男的邀请,元旦和他一起去听新年音乐会,D正确。

A、C不符合题意,可排除。对话中只是说新年音乐会是"用中国传统乐器演奏"的古典音乐,并没说他们要买乐器,排除B。

D 31. 根据"总有许多人心不在焉,做与会议无关的事。怎样才能让大家集中精力呢?",可知此人在向朋友咨询如何让员工专心开会的问题,D正确。

C 32. 根据短文,朋友的建议是"你只要在会议结束后再宣布由谁做会议记录员就可以了",C正确。

认真，会议效率也大大提高了。

31. 那个人向朋友咨询什么问题？

32. 朋友建议那个人怎么做？

33.　A 青少年
　　　　B 上班族
　　　　C 老年人
　　　　D 待业者

34.　A 跑道太滑
　　　　B 场地太拥挤
　　　　C 没有教练指导
　　　　D 运动量突然加大

35.　A 小心着凉
　　　　B 放松肌肉
　　　　C 补充水分
　　　　D 不能立即洗澡

第33到35题是根据下面一段话：

随着人们健康意识的提高，每逢周末，市区各个运动场所都会挤满前来锻炼的人。其中多数是上班族，他们平时忙于工作，只能利用周末的时间突击锻炼。然而来自医院急诊科的数据显示，患"周末运动病"的人也越来越多。

"周末运动病"是因周末突然进行强度较大的运动而引起的，主要症状为肌肉或韧带拉伤、骨折等。专家建议人们最好每天都能进行适量的运动，若只能在周末运动，也要注意运动方式。例如，运动前进行五分钟左右的热身活动，运动后做些放松动作等。

33. 只能在周末进行运动的主要是哪一类人？

34. "周末运动病"是由什么原因引起的？

35. 根据这段话，运动后要注意什么？

B 33. 根据"其中多数是上班族,他们平时忙于工作,只能利用周末的时间突击锻炼",可知只能在周末进行运动的主要是上班族,B正确。

D 34. 本题关键句是"'周末运动病'是因周末突然进行强度较大的运动而引起的",可见是运动量的突然加大造成了"周末运动病",D正确。

B 35. 短文提醒人们"要注意运动方式""例如……运动后做些放松动作等",因此"放松肌肉"符合题意,B正确。

36. A 空手而归
    B 待在家里
    C 打了更多野兔
    D 和妻子吵了一架

37. A 安慰他
    B 称赞他
    C 独自伤心
    D 感到很无奈

38. A 要学会抓住机遇
    B 要保护野生动物
    C 要注意说话方式
    D 要善于听取意见

39. A 商品没特色
    B 不能讨价还价
    C 认为后面的更好
    D 店铺装修得太豪华

40. A 路口
    B 公寓两旁
    C 倒数第二家
    D 两端三分之一处

第36到38题是根据下面一段话：

　　一天，甲、乙两个猎人各打到了两只野兔。甲拿回家后，他的妻子很生气，说："你一天就打两只野兔？真没用！"甲听后很不高兴。第二天，他故意空着手回去，好让妻子知道打猎不是件容易的事。

　　乙的情况则相反，妻子见他带回两只野兔，开心地说："你一天竟然打了两只野兔！真了不起！"乙听了满心喜悦，心想这不算什么，我还能打更多呢。结果第二天，他带了四只野兔回来。

　　两句不同的话，产生了两种不同的结果。

36. 第二天，甲是怎么做的？
37. 乙回家后，妻子是什么反应？
38. 这段话主要想告诉我们什么？

第39到41题是根据下面一段话：

　　你有没有发现这样一个现象：当我们走进一条商业街的时候，通常不会在第一家店铺买东西，因为我们觉得后边会有更合适的；而且也很少会选择最后一家，因为一旦前方没有了可供选择的店铺时，我们会感到后

A 36. 根据短文,第二天,甲"故意空着手回去,好让妻子知道打猎不是件容易的事",A正确。

B 37. 根据"你一天竟然打了两只野兔!真了不起!",可知乙的妻子称赞了他,B正确。

C 38. 这是一道**主旨**题,需要通读全文,做出总结。一篇文章通常会在开头或结尾点出主旨,根据关键句"两句不同的话,产生了两种不同的结果",可知这篇短文是在强调说话方式的重要性,C正确。

C 39. 根据"当我们……通常不会在第一家店铺买东西,因为我们觉得后边会有更合适的",可知人们认为后面的店铺比第一家更好,C正确。

D 40. 本题关键句是"如果这条街是一眼能看到头的,一般情况下,处于街道两端三分之一位置的店铺生意最好",D正确。

149

41. A 消费要适度

B 商业圈的形成

C 店铺形象的意义

D 人面对多选时的心理

42. A 观众

B 评委

C 女主角

D 主持人

43. A 获得奖品了

B 能表演节目

C 可以见到明星

D 觉得鼓掌很重要

悔，觉得前面看过的似乎更好一些。如果这条街是一眼能看到头的，一般情况下，处于街道两端三分之一位置的店铺生意最好。

这就是心理学上"三分之一效应"最典型的案例。人们在选择时存在心理偏差，如果给一个人提供多个选择的机会，那么他选择中间的概率往往会比较高。

39. 为什么人们通常不会在第一家店铺买东西？

40. 根据这段话，一条街上哪个位置的店铺生意会更好？

41. 这段话主要谈的是什么？

第42到43题是根据下面一段话：

女儿从学校回来，高兴地告诉我们学校今天选演员，要排演节目。我们想她肯定是被选上了，就问她是什么样的角色。她却神秘一笑，让我们猜。我说是女主角，她爸猜是公主。女儿看着我们，兴奋地说："我被选中为演员们鼓掌加油了。"我们听了都非常惊讶，没想到女儿会认为观众是很重要的角色，更没想到她会因为被选中这样

D 41. 这是一道**主旨**题，一篇文章通常会在开头或结尾点出主题，文章的最后说"如果给一个人提供多个选择的机会，那么他选择中间的概率往往会比较高"，第一段也分析了人们在商业街购物选择店铺时的复杂心理，D正确。

A 42. 根据"我被选中为演员们鼓掌加油了"，可知女儿被选中当了一名观众，A正确。

D 43. 根据短文，女儿被选中当了观众后"激动万分"，因为"在孩子心中，为演员鼓掌和当演员是一样重要的"，D正确。

的"角色"而激动万分。

原来，在孩子心中，为演员鼓掌和当演员是一样重要的。

42. 女儿被选中当什么？

43. 女儿为什么很激动？

44.
A 幽默笑话
B 爱情故事
C 神话传说
D 生活常识

45.
A 参赛者不多
B 作品主题不限
C 优秀作品将登报
D 促进了饮料销量的增长

第44到45题是根据下面一段话：

有家公司生产的一种饮料刚开始销路不好，后来他们采用了一位设计师的建议，在饮料盒上印了一则动人的爱情小故事，并将饮料命名为"爱情饮料"。饮料包装一换，马上就受到了年轻人的欢迎。接着该公司又面向社会搞了个以爱情故事为主题的征文比赛，并承诺将选出的优秀作品印在饮料盒上。此举一出，反响十分强烈，很多人积极投稿。于是这些参赛者就成了公司的义务推销员，饮料的销量随之迅速增长。

44. 饮料盒子上印了什么？

45. 关于征文比赛，下列哪项正确？

B 44. 本题关键句是"在饮料盒上印了一则动人的爱情小故事",B正确。

D 45. "于是这些参赛者就成了公司的义务推销员,饮料的销量随之迅速增长",D正确。

"很多人积极投稿",排除A。该征文比赛是"爱情故事主题"的,排除B。

"并承诺将选出的优秀作品印在饮料盒上",而不是登报,排除C。

二、阅读

第一部分

第 46—60 题：请选出正确答案。

46—48.

宋朝张咏治理成都时，遇到一桩盗窃案，要在多名嫌疑人中查出小偷，但没人肯 _46_ 。于是他想了一个主意，让人在暗房中挂一座钟并用烟煤涂黑。然后对那些嫌疑人说："房里有座神钟，小偷摸了，它就会 _47_ ；不是小偷摸了也不会有声音。"他让那些人依次进屋去摸钟，出来时检查他们的手，结果发现只有一名嫌疑人的手上没有烟煤的痕迹。张咏说："你是怕钟会发出声音，所以不敢摸吧？"一经审问，那个人 _48_ 就是小偷。

46. A 担任　　　B 改正　　　C 承认　　　D 赞成

47. A 响　　　　B 亮　　　　C 滑　　　　D 斜

48. A 依然　　　B 似乎　　　C 总算　　　D 果然

C **46.** 这是一道**动词辨析题**。宋朝张咏"要在多名嫌疑人中"查出盗窃案的小偷,"但"的后面表示转折,可见应该是没人愿意认可小偷这个身份,"承认"表示肯定、同意或认可,C正确。

担任:意思是担当某种职务或工作。不能说"担任小偷"。

改正:意思是把错误的改为正确的。因为是在查明谁是小偷,还谈不上改正什么错误,排除B。"赞成"的意思是对别人的主张或行为表示同意。由于是在嫌疑人中查,不需要得到他们的同意,D也不符合逻辑,可排除。

A **47.** 根据下文,"不是小偷摸了也不会有声音",可见上文应该是小偷摸了后神钟就会发出声音,四个词语中,只有"响"能够表示发出声音,A正确。

亮:表示光线强,发光。

滑:表示光滑、滑溜,也可以表示滑动。

斜:表示跟平面或直线既不平行也不垂直,倾斜。

D **48.** 这是一道**副词辨析题**。根据短文,张咏想了一个办法,让小偷自己现身,他认为真正的小偷怕钟会发出声音,所以不敢摸那口钟,结果小偷真的上了当,和张咏预想的情况一样,四个词语中,"果然"表示事实与所说或所料相符,那个"手上没有烟煤的痕迹"的人"果然"就是小偷,D正确。

依然:表示按照往常,依旧的意思。

似乎:表示仿佛,好像。

总算:表示经过相当长的时间以后某种愿望终于实现。

49—52.

某座大桥采用了"4+4"的8车道模式，但由于上下班高峰时车流 49 不均，桥上经常堵车。为了解决这一问题，当地政府决定再造一座大桥。一位年轻人得知消息后，向政府建议，50 ，完全可以在已有的8个车道上做文章，让"8"大于"8"。

年轻人的想法其实就是将车道由原来的"4+4"改为"6+2"，即在上下班这两个时段，把车流量大的一侧扩展为6个车道，另一侧则缩减为两个车道。

政府采纳了年轻人的建议，顺利解决了大桥堵车的问题。而这个金点子，也为当地政府节约了上亿元 51 。

由此可见，真正的智慧在于 52 利用现有资源，而不是一味地去开发。

49. A 分布　　　　B 配合　　　　C 显示　　　　D 围绕

50. A 调整上下班时间　　　　　　B 必须限制车流量
　　C 在桥面不增宽的情况下　　　D 对违反交通规则的人进行严惩

51. A 利润　　　　B 账户　　　　C 资金　　　　D 汇率

52. A 深刻　　　　B 充分　　　　C 强烈　　　　D 迅速

A **49.** 这是一道**动词辨析题**。根据短文，采用了"4+4"的8车道模式的某座大桥，由于车流"不均"，在上下班高峰时"桥上经常堵车"，四个词语中，"分布"表示散布在一定的地区内，结合文章，车流分布在不同的车道内符合题意，A正确。

"配合"指各方面分工合作来完成共同的任务。"车流"显然是不能"配合"的，排除B。"显示"指明显地表现。如：他向大家显示了自己的实力。也不能和"不均"搭配，排除C。"围绕"可表示围着转动，围在周围，也可表示以某个问题或事情为中心。用在此处不符合题意，排除D。

C **50.** 根据下文，年轻人建议政府"完全可以在已有的8个车道上做文章"，推断上文是保持已有的车道不变，四个选项中，"在桥面不增宽的情况下"符合题意，C正确。

C **51.** 这是一道**名词辨析题**。上文称赞年轻人的建议是"金点子"，四个选项中，"资金"可表示国家用于发展国民经济的物资或货币，年轻人节约的上亿元完全符合"资金"这一概念，C正确。

利润：经营工商业等赚的钱。

账户：一般可指户头，如：银行账户、个人账户。

汇率：指一个国家的货币兑换其他国家的货币的比率。

B **52.** 这是一道**形容词辨析题**。根据短文，"真正的智慧在于……利用现有资源，而不是一味地去开发"，结合文章内容，此处强调的是尽量利用现有资源，四个词语中，只有"充分"表示尽量，B正确。

深刻：达到事情或问题的本质，如：内容深刻，也可表示内心感受程度很深的，如：印象深刻。

强烈：表示鲜明的，程度很高的，或表示强硬激烈，如：强烈反对。

迅速：表示速度很快。

53—56.

自然界中很少有黑色花，即使有，也不是纯黑色。科学家认为这与阳光有关。阳光由七色光 53 ，其中红、橙、黄光为长波光，含热量多；青、蓝、紫光为短波光，含热量少。花瓣较柔嫩， 54 ，因此它们一般吸收热量较少的蓝紫光，而将红橙黄光反射出去，所以红、橙、黄色花较多，蓝、紫色花偏少。而黑色花是将 55 色光都吸收了，因此它受到的伤害也最大，往往很难生存。

另外，黑色花很难吸引昆虫，在自然选择中就 56 被淘汰了。

53. A 组成　　　B 达到　　　C 代表　　　D 体现

54. A 不能承受风雨　　　　　B 对气候条件要求不高
　　 C 温度太高容易被烧伤　　D 离不开人们的细心照顾

55. A 广泛　　　B 全部　　　C 基本　　　D 彻底

56. A 逐渐　　　B 尽快　　　C 迟早　　　D 反复

A 53. 这是一道**动词辨析**题。四个词语中，"组成"表示部分、个体组合成为整体，符合阳光有七种颜色的概念，"由……组成"也是一种固定搭配，A正确。

达到：到达、达成、得到，多指抽象事物或程度。如：达到了很高水平。

代表：指代替个人、集体办事或表达意见。

体现：指某种性质或现象在某一事物上具体表现出来。

C 54. 本题要结合上下文来看。上文是"花瓣较柔嫩"，下文是"因此它们一般吸收热量较少的蓝紫光"，中间这句话应该进一步说明花瓣无法吸收热量较多的光线的原因，"温度太高容易被烧伤"符合题意，C正确。

B 55. 根据短文，"黑色花将……色光都吸收了"，结合下文，"因此它受到的伤害也最大"，从题意来看，黑色花应该是吸收了所有的色光，四个词语中，"全部"可以表示总和的概念，B正确。

广泛：指涉及的方面广，范围大，普遍，如：广泛调查。

基本：表示根本的，主要的，如：基本条件。

彻底：指一直到底，深入而透彻，如：彻底明白。

A 56. 这是一道**副词辨析**题。结合上下文，"黑色花很难吸引昆虫"，"在自然选择中就被……淘汰了"，根据逻辑，"淘汰"的过程不可能一下子就完成，应该是逐步完成的，四个词语中，只有"逐渐"可以表示"渐渐、逐步"，A正确。

尽快：尽量加快，如：尽快结束。

迟早：早晚，如：迟早离开。

反复：一遍又一遍，多次重复。

57—60.

一天，朋友把一个生鸡蛋放在我的手心，要我用力握，看能否捏碎。可无论我怎样用力，鸡蛋都没碎。平时轻轻一碰，生鸡蛋都可能碎，为什么握在手心里 57 捏不碎呢？

看到我疑惑的样子，朋友 58 说，平时我们磕鸡蛋，是把目标集中到蛋壳的一个点上，虽然力气小，但实际作用在鸡蛋上的力量却很大；而把鸡蛋握在手心，力量就分散到整个蛋壳上，看似很用力，但作用在鸡蛋上的力却很小。 59 ，也捏不碎那层薄薄的蛋壳。

人生也是如此，只有目标 60 ，用力集中，才能突破障碍，收获成功。

57. A 难怪　　　　B 毕竟　　　　C 简直　　　　D 反而

58. A 解释　　　　B 辩论　　　　C 咨询　　　　D 宣布

59. A 除非鸡蛋破了　　　　　　B 只要尽力去做
    C 何况蛋壳那么硬　　　　　D 哪怕我们使出全身力气

60. A 稳定　　　　B 明确　　　　C 公开　　　　D 单调

D 57. 这是一道**副词辨析**题。此题要结合上下文意思来分析，上文是"平时轻轻一碰，生鸡蛋都可能碎"，下文是"为什么握在手心里……捏不碎"，相对上文来说，下文出现的情况是让人完全想不到的，四个词语中，"反而"表示跟上文意思相反，出乎预料和常情，符合题意，D正确。

难怪：怪不得，后面跟的是结果，如：难怪他没来上班，原来是生病了。

毕竟：表示追根究底得出的结论，强调事实或原因。如：你休息一下吧，毕竟还有很多事儿要忙。

简直：表示完全如此，语气比较夸张。如：这里简直太美了！

A 58. 这是一道**动词辨析**题。根据短文，朋友是在向我说明握在手心里的鸡蛋捏不碎的原因，四个词语中，"解释"有分析说明的意思，用在此处符合题意，A正确。

辩论：见解不同的人彼此阐述理由，辩驳争论。

咨询：询问，征求意见的意思。

宣布：公开正式告诉大家。

D 59. 本题考查的是关联词语和逻辑。下文是"也捏不碎那层薄薄的蛋壳"，看四个选项，"哪怕……"和"也……"构成了一对关联词语，表示无论怎么做，也改变不了后面的结果，不管使出多大的力气，也"捏不碎那层薄薄的蛋壳"，前后逻辑关系成立，D正确。

"鸡蛋破了"和下文显然是矛盾的，排除A。"只要……"一般和"就……"连用，构成条件关系，有了前面的条件，必然会产生后面的结果，"捏不碎"显然不是"尽力去做"的结果，排除B。"何况蛋壳那么硬"和"薄薄的蛋壳"是矛盾的，排除C。

B 60. 这是一道**形容词辨析**题，也要结合上下文来看。四个词语中，"明确"表示清晰明白而确定不移，目标明确后才能"用力集中"，结果"才能突破障碍，收获成功"，可见"明确"一词符合题意，B正确。

稳定：稳固安定，没有变动，如：社会稳定、情绪稳定，不说"目标稳定"。

公开：不加隐蔽的，面对大家的，如：公开活动。

单调：单一，重复而缺少变化。如：生活单调。

第二部分

第61—70题：请选出与试题内容一致的一项。

61. 一位名人曾说过："要想征服世界，首先要征服自己的悲观。"人生在世，不如意的事常有。一味沉浸在不如意的忧愁中，只会使事情变得更加不如意。既然悲观于事无补，那我们何不用乐观的态度来对待人生呢？

A 不要过分追求完美　　　　B 悲观的人更懂得珍惜
C 要保持乐观的生活态度　　D 要学会表达自己的情感

62. 年轻人可以尝试"零存整取"的存钱方式：每个月都把收入的10%存起来，其余的用来消费，一年后再一次性取出。这样既能攒下一笔钱，还可以享受比活期存款更高的利息。

A 人们存钱主要用于投资
B 年轻人的待遇普遍较高
C 银行提高利率是为了吸收存款
D "零存整取"的利息比活期存款高

63. 瓜皮岛位于黄海深处，呈椭圆形，因其貌似西瓜皮而得名。目前瓜皮岛还未被开发，没有人工雕琢的痕迹。岛上分布着大片松软的沙滩，风光秀丽，是度假休闲的好去处。

A 瓜皮岛适合度假　　　　B 瓜皮岛盛产西瓜
C 瓜皮岛开发难度大　　　D 瓜皮岛矿产资源丰富

64. 手机已成为人们日常生活的必需品，那么该如何处理不用了的旧手机呢？很多人会将其直接扔掉，其实，像旧手机这样的废弃电子产品会

C 61. 从"既然悲观于事无补,那我们何不用乐观的态度来对待人生呢?"C正确。
A、D没有提到,可排除。
"一味沉浸在不如意的……,只会使事情变得更加不如意",可见悲观带来的是不良后果,和"更懂得珍惜"无关,排除B。

D 62. "年轻人可以尝试'零存整取'……还可以享受比活期存款更高的利息",D正确。

A 63. "岛上……风光秀丽,是度假休闲的好去处",A正确。
"瓜皮岛……因其貌似西瓜皮而得名",并不是盛产西瓜,排除B。"目前瓜皮岛还未被开发",更谈不上开发难度是否大了,排除C。D没有提到,可排除。

A 64. "像旧手机这样的废弃电子产品……最好将它们交给专门的回收公司,由他们进行分解处理",A正确。

对环境造成很大的污染,最好将它们交给专门的回收公司,由他们进行分解处理。

A 旧手机不能随便丢弃　　　　B 旧手机可以重复使用
C 电子产品功能越来越复杂　　D 手机设计师要重视用户体验

65. 心理学家让一些志愿者通过打电话来说服他人参与一项调查。之后,通过分析电话录音,心理学家发现,那些说话特别快的志愿者,成功说服他人的概率并不高;相反,语速缓慢沉稳、会适时停顿的志愿者的说服力显得更强。

A 与人交谈时要注意表情　　　B 语速慢的人更易说服他人
C 语速快的人面试时更有优势　D 调查是通过电脑网络进行的

66. 学习音乐对儿童的成长有很大好处,无论是对其智力的开发,还是对其美感的培养都有显著效果。两岁半至三岁半是儿童接受音乐启蒙的最佳年龄段,这期间可以开展各种音乐游戏,让他们在玩儿中听音乐,感受音乐的节拍和旋律;三岁半以后,可让他们开始接触乐器。

A 学习音乐有助于孩子的成长　B 两岁半的孩子最适宜学乐器
C 要控制孩子玩儿游戏的时间　D 音乐风格会影响孩子的性格

67. 《笑林广记》是中国古代笑话书的集大成者。书的作者是"游戏主人",但"游戏主人"并非一个人,而是清代的一批文人。他们选择历代笑话书籍中的经典故事,结合当时的社会现实,编写了这本书。书中刻画人物多用夸张手法,语言风趣、文字简练、结构精巧,具有很强的喜剧效果。

A 《笑林广记》内容不易理解
B 《笑林广记》由多人合编而成

B 65. "语速缓慢沉稳、会适时停顿的志愿者的说服力显得更强",B正确。
A、C没有提到,可排除。"心理学家让一些志愿者通过打电话来说服他人参与一项调查",而非通过"电脑网络",排除D。

A 66. "学习音乐对儿童的成长有很大好处……对其智力的开发……美感的培养都有显著效果",A正确。

B 67. "书的作者是'游戏主人',但'游戏主人'并非一个人,而是清代的一批文人",可知《笑林广记》是由多人合编而成的,B正确。
根据"语言风趣、文字简练、结构精巧,具有很强的喜剧效果",推断这本书的内容是很受欢迎,不难理解的,排除A。"《笑林广记》是中国古代笑话书的集大成者……他们选择历代笑话书籍中的经典故事",可知《笑林广记》并不是中国最早的笑话书,排除C。D在这段话中没有提到,可以排除。

C 《笑林广记》是中国最早的笑话书

D 《笑林广记》反映了当时文人的生活

68. 一项研究称，一个人要掌握某项技能并成为专家，需要不间断地练习一万个小时；要把一份工作做得得心应手，差不多需要10年。所以如果你现在尽力了，但还是做得不够好，那说明你花的时间还不够。多一点儿耐心，多给自己一点儿时间，相信成功会离你越来越近。

A 要合理分配时间　　　　　　B 要热爱自己的工作
C 成功的标准并不唯一　　　　D 成功需要一定时间的积累

69. 导盲犬是工作犬的一种。经过严格训练后，导盲犬可以听懂"来""前进""停止"等口令，能带领盲人安全地行走。当遇到障碍或需要拐弯时，它们也能引导主人变更路线。在很多国家，导盲犬可以进入商店、餐厅，并能和主人一起乘坐公共交通工具，而通常宠物狗是不允许进入这些公共场所的。

A 导盲犬只能走直路　　　　　B 导盲犬须经专业训练
C 导盲犬模仿能力很强　　　　D 导盲犬适合帮助听力不好的人

70. 逛花街是广州人过春节时的一项重要的民俗活动。每到年底，花农会将花卉运入广州城内，在街上摆卖，市民前来观赏购买，形成了人山人海逛花街的独特景象。一般除夕当天逛花街的人最多，尤其是年夜饭后，经常全家人一起去逛花街。

A 花市主要设在郊区　　　　　B 花市上的花只用于展览
C 广州人春节期间爱逛花街　　D 逛花街的风俗早不流行了

D 68. "一个人要想掌握某项技能并成为专家……差不多需要10年",可见成功需要时间的积累,D正确。

B 69. "经过严格训练后,导盲犬可以听懂……口令,能带领……",B正确。"当遇到障碍或需要拐弯时,它们也能引导主人变更路线"。排除A。C没有提到,可以排除。既然是导盲犬,帮助的对象当然是盲人,排除D。

C 70. 问"逛花街是广州人过春节时的一项重要的民俗活动",C正确。"花农会将花卉运入广州城内","郊区"和题意不符,排除A。由"市民前来观赏购买",可排除B。"每到年底……市民前来观赏购买……一般除夕当天逛花街的人最多",排除D。

第三部分

第 71—90 题：请选出正确答案。

71—74.

有家旅馆因为地处郊区，生意一直很冷清。一天，旅馆老板望着后面的荒山思考：这里既无秀丽风光，又无名胜古迹，如何才能将顾客吸引过来呢？

没过多久，该城的大街小巷都张贴了一张这样的宣传单："本旅馆后山有大片空地，投宿本店的顾客可在此种植一棵小树，由本店长期代管，而您只须交50元的树苗费即可。树上会挂上写有您姓名和植树日期的木牌，您可以随时回来查看树的生长情况，并和它拍照留念。"

很快，这张宣传单便传开了。人们纷纷议论道："哎，植树留念，很有意思嘛"。"我孩子刚出生，到那儿给他栽一棵同龄树，多有意义呀……"

种植纪念树的人不断涌来，旅馆老板再也不用为顾客少而发愁了。几年后，旅馆的后山已经是苍翠秀丽，景色迷人。当然，旅馆老板也赚足了钱。

原本不过是一片荒山，旅馆老板却凭借其敏锐的观察力，从中发现了商机，并创造出了巨大的价值。可见，机会无处不在，关键是我们要有一双善于发现的眼睛。

71. 那家旅馆一开始为什么生意不好？

A 位置不好　　　　　　　　B 设施不全
C 房屋破旧　　　　　　　　D 服务不周到

72. 关于旅馆的种树业务，可以知道：
　　A 是免费的　　　　　　　　　B 有时间规定
　　C 宣传效果不理想　　　　　　D 无须顾客亲自管理

73. 根据上文，下列哪项正确？
　　A 很多树都没成活　　　　　　B 旅馆顾客量大增
　　C 后山环境破坏严重　　　　　D 人们争着和老板合影

74. 上文主要想告诉我们：
　　A 人多力量大　　　　　　　　B 改革须谨慎
　　C 要善于发现机会　　　　　　D 爱护树木人人有责

A　71. "有家旅馆因为地处郊区，生意一直很冷清"，可见这家旅馆的生意不好是位置不好导致的，A正确。

D　72. "由本店长期代管"，可知无须顾客亲自管理，D正确。

"而您只须交50元的树苗费即可"，不是免费的，排除A。"您可以随时回来查看树的生长情况"，没有时间规定，排除B。"很快，这张宣传单便传开了……种植纪念树的人不断涌来"，可知宣传效果非常理想，排除C。

B　73. 这是考查的是对文章细节的理解和把握。"种植纪念树的人不断涌来，旅馆老板再也不用为顾客少而发愁了"，可见旅馆顾客量大增。B正确。

根据"几年后，旅馆的后山已经是苍翠秀丽，景色迷人"，可知树的成活率很高，后山环境也没有被破坏，排除A、C。D在短文中没有提到，可以排除。

C　74. 这是一道**主旨**题，考查的是我们对整篇文章内容的总结能力。通读这篇文章，可知由于旅馆老板"敏锐的观察力"，从一片荒山中发现了商机，从而创造了巨大的价值。主旨句一般出现在文章的开头或结尾，结合文章最后出现的主旨句"机会无处不在，关键是我们要有一双善于发现的眼睛"，C正确。

75—78.

一位教育学家说，教育孩子最好的方式是给他们做个好榜样，另外就是引导、奖励与夸奖，这比一直强调他们的错误有效得多。比如，若孩子能在规定的时间内上床睡觉，那就奖励他一颗小星星，积满三颗之后可以给他一份更大的奖励，这样孩子就会慢慢养成按时睡觉的好习惯。

虽然如此，但专家们还是指出，如果孩子违反了规定，特别是当他们的错误危及其自身安全时，惩罚仍不失为一种必要的手段。不过专家也提醒家长，在指出孩子的错误时，应当论事不论人。换言之，永远不要说孩子是"坏孩子"，而要说"这么做不好"。

当然，惩罚要有针对性，不能犯了什么错误都用一种方式进行惩罚。合适的惩罚措施可以是不让孩子看他喜欢的电视节目，也可以是限制他上网或玩游戏的时间。在对孩子进行惩罚前，必须事先制定规矩，并给予孩子一定的警告。家长要让孩子知道如果违反了规定，会有什么样的后果。这样孩子就会慢慢明白，惩罚并不是父母愤怒的产物，而是自己做了不该做的事情所必须承担的后果。

75. 第1段举的例子说明：

　　A 奖励很有效　　　　　　　　B 习惯要从小培养
　　C 保持一颗童心很重要　　　　D 父母要给孩子做好榜样

76. 家长指出孩子错误时，应该：

　　A 提供证据　　　　　　　　　B 只针对事情
　　C 语气强硬些　　　　　　　　D 让孩子分析原因

77. 下列哪项不是对孩子进行惩罚时需要注意的问题？

A 提前警告　　　　　　　　B 方式要多样

C 事先制定规矩　　　　　　D 事后进行总结

78. 根据上文，父母教育孩子时要：

A 奖惩结合　　　　　　　　B 注重启发

C 多表扬其优点　　　　　　D 关注其心理问题

A 75. 第一段话举例说明了对孩子的奖励能让孩子慢慢"养成按时睡觉的好习惯"，可见这种方式对孩子是非常有效的，A正确。

B、C没有提到，可排除。根据第一段话，给孩子"做个好榜样"是教育孩子最好的方式之一，"另外就是引导、奖励与夸奖"。所举的例子和奖励有关，和父母给孩子做好榜样无关，排除D。

B 76. 根据短文，专家提醒家长，"在指出孩子的错误时，应当论事不论人"，B正确。

D 77. "在对孩子进行惩罚前，必须事先制定规矩，并给予孩子一定的警告"，A、C需要注意。"惩罚要有针对性，不能犯了什么错误都用一种方式进行惩罚"，也就是惩罚的方式要多样化，B需要注意。短文没有提到惩罚孩子后是否要进行事后总结，D不在要注意的问题中。

A 78. 这是一道对文章进行总结的**主旨**题。文章从奖励和惩罚两个角度来说明如何给孩子最好的教育方式。第一段举例说明了奖励的重要性，第二段指出在孩子违反规定时惩罚仍然是一种必要的手段，但要对事不对人，第三段则说明了惩罚的方式及注意事项。总结这篇文章，父母教育孩子时要做到奖惩结合。A正确。

79—82.

他从小就想成为一名玉雕大师。进入玉雕厂的第一天，他就暗暗发誓，要做就做到最好，一定要雕刻出令人瞩目的作品。

几年后，有次考级，他用尽心力，雕出了一件精美绝伦的作品。那些高级工艺师都围着他的作品点头微笑，看得出来他们十分满意。他很自信地等着评委们打出全场的最高分——100分，可他最后的得分却是99分。他很失望，不知道那一分差在哪儿。

后来，他私下向一位工艺师打听为什么会扣掉一分。

那位工艺师笑着说："你的作品非常完美，扣掉一分，其实是为了你好！"

"为我好？"他很不解。那位工艺师解释道："给你99分，是想提醒你，还有进步的余地，希望你继续努力。要是给你满分，你的创作可能就走到尽头了。"

他这才明白，人只有不满足现状才能不断进步。从此，他不再骄傲自满，也不再自以为是，而是更加积极地投身工作，不断地探索和创新。30岁那年，他终于凭借自己的真才实干，进入国家顶级玉雕大师的行列。他的许多作品，都被作为国宝级礼品赠给外宾。

79. 根据第2段，可以知道：

A 考场纪律不够严　　　　　　B 工艺师们无责任心

C 他对自己的作品很自信　　　D 参赛选手的水平都非常高

80. 评委们为什么没给他最高分？

A 作品缺乏新意　　　　　　　B 作品偏离主题

C 认为他不够谦虚　　　　　　D 提醒他继续努力

81. 关于他，下列哪项正确？
A 提前完成了学业　　　　　　B 经常受邀出国访问
C 实现了儿时的梦想　　　　　D 自己经营一家玉雕厂

82. 最适合做上文标题的是：
A 99分的完美　　　　　　　　B 骄傲使人退步
C 一分之差的遗憾　　　　　　D 礼物背后的秘密

C 79. 这是一道**细节**题。根据"他很自信地等着评委们打出全场的最高分"，可知他对自己的作品非常自信，C正确。

D 80. 根据"给你99分，是想提醒你，还有进步的余地，希望你继续努力"，可知这个分数是为了起到提醒的作用，D正确。

A、B没有提到，可排除。虽然评委没有给满分，但这只是一种促使他进步的提醒，并不是认为他不够谦虚，排除C。

C 81. 这是一道**细节**题。根据文章，"他从小就想成为一名玉雕大师"，"30岁那年，他终于凭借自己的真才实干，进入国家顶级玉雕大师的行列"，由此可见，他"实现了儿时的梦想"，C正确。

A没有提到，可排除。是"他的许多作品，都被作为国宝级礼品赠给外宾"，并不是他本人经常受邀出国访问，排除B。根据文章，他是在玉雕厂工作，自己并不经营玉雕厂，排除D。

A 82. 这是一道**主旨**题。通读全文，他在一次考级中"雕出了一件精美绝伦的作品"，自信的他本以为会得到全场最高的100分，结果却得了99分，扣掉的一分提醒他"还有进步的余地"，也正是这99分，让他从此不再骄傲自满，最终凭借真才实干成为国家级玉雕大师，实现了真正的完美，这就是99分对一个人的意义。四个选项中，A正确。

文章强调的不是他如何骄傲自满，排除B。遗憾也不是这个故事的主题，排除C。D没有提到，也排除。

83—86.

相传，战国时期著名的哲学家庄子家里非常穷。一天，无奈之下，他只好到监管河道的官员家去借粮食。

那个官员小气却又爱面子，见庄子登门求助，嘴上虽然爽快地答应了，但又说："借你粮食可以，不过要等到秋天粮食收获后才行。"

庄子听后转喜为怒，生气地对那个官员说："我昨天往您这里赶时，半路上突然听到呼救声，我环顾四周并没有见到人影。后来才发现，原来是路上被车轮压过的浅坑里躺着一条鲫鱼。"

庄子接着说："它见到我，像遇见救星一般。它说自己原来住在东海，现在不幸被困在这个浅坑里，眼看就要干死了。请求我给它一点儿水，救它一命。"

那个官员听后，便问庄子是否找水救了鲫鱼。

庄子冷冷地说道："我说'可以，等我先去南方，劝说吴国和越国的国君，请他们把西江的水引到你这儿来，然后你就可以回东海老家了。'"

官员听后，觉得庄子的方法实在荒唐，说："那怎么行呢？"

"是啊，鲫鱼听了我的主意，当时就气得睁大了眼，说'眼下我缺水，没有安身之处，只须几桶水就能解困。你所谓的引水全是空话，等你把水引来，我早就成了干鱼啦！'"

远水解不了近渴，同样，说空话并不能解决实际问题。

83. 关于那个官员，可以知道：

A 学问不高　　　　　　　　　　B 特别大方

C 并不想帮庄子　　　　　　　　D 负责管理粮食

84. 故事中的那条鲫鱼：
A 被车压伤了　　　　　　　　　B 急需水救命
C 十分感激庄子　　　　　　　　D 最后返回了故乡

85. 那个官员觉得庄子的方法怎么样？
A 很巧妙　　　　　　　　　　　B 值得考虑
C 非常不可取　　　　　　　　　D 会造成重大损失

86. 上文主要想告诉我们：
A 做事要注意细节　　　　　　　B 困境能激发人的潜能
C 帮助别人也是帮助自己　　　　D 解决问题要从实际出发

C 83. 文章第二段中，庄子登门求助，官员"嘴上虽然爽快地答应了"，但要等到秋天粮食收获后才借他粮食，可见这个人并不是真心想帮庄子，C正确。
A没有提到，可排除。由"那个官员小气却又爱面子"，可排除B。"他只好到监管河道的官员家去借粮食"，可知官员不是负责管理粮食的，排除D。

B 84. 根据"请求我给它一点儿水，救它一命"，可知鲫鱼急需水救命，B正确。鲫鱼只是躺在"被车轮压过的浅坑里"，并不是被车压伤了，排除A。"鲫鱼听了我的主意，当时就气得睁大了眼"，排除C。如果按照庄子所说，他并没能及时救鲫鱼，只是要劝人引水来救鲫鱼，这不过是一句空话，因此鲫鱼不可能返回故乡，排除D。

C 85. "官员听后，觉得庄子的方法实在荒唐……"，可见官员认为庄子的方法十分没有道理，"那怎么行呢"也说明他认为庄子的做法是不可取的，C正确。

D 86. 这是一道**主旨**题。注意文章的最后一句话"远水解不了近渴，同样，说空话并不能解决实际问题"，文章中庄子跟官员借粮食，鲫鱼向庄子求救的两个故事都说明了这个道理。秋天收获后的粮食不能解决庄子眼前的困境，从西江劝说人引水过来也救不了困在浅坑里的鲫鱼，由此可见，解决问题还是要从实际出发，D正确。

87—90.

导演王家卫筹拍《一代宗师》的时候，曾请北京八极拳研究会会长担任部分演员的动作设计，张震就是要被"设计"的演员之一。

会长问张震："你是要真练，还是为了演戏学学花架子？"

"当然是练真的！"张震斩钉截铁地说。

自此以后，每天清晨，张震都会准时出现在公园里，认真练习基本功，压腿、扎马步，毫不马虎。无论严寒酷暑，他每天都练三个小时，从不间断。即使在压腿痛到流泪的时候，他也从没想过放弃。

电影拍完两年后才上映，在这期间，张震参加了在长春市举办的全国八极拳比赛。比赛结果出乎所有人的意料，他竟然获得了一等奖。

取得这么好的成绩，张震喜出望外。这是他在电影之外开辟出的另一片天地。他在练习八极拳上付出的努力和汗水给予了他丰厚的回报。在接受媒体采访时，他连连向师父道谢，并坦言："八极拳不仅可以练身形，还能修身养性。练习八极拳后，我的性格有了很大的改变。过去我比较死板，别人叫我怎么做，我就怎么做。但现在，我对自己有了更深的了解，有了更多的想法，做事也更加主动了，会按着自己的想法去做。"

生活就是这样，它看得见所有人的努力，也不会亏待努力付出的人。

87. 第3段画线词语最可能是什么意思？

A 显得很委屈　　　　　　　　B 表示充满期待

C 形容态度坚决　　　　　　　D 觉得特别惭愧

88. 第4段主要是讲：
   A 张震的练拳经历　　　　　　B 电影的拍摄过程
   C 赛前的紧张准备　　　　　　D 张震取得的成就

89. 根据上文，八极拳对张震有什么影响？
   A 改变了他的性格　　　　　　B 教他学会了珍惜
   C 促使他推广中国武术　　　　D 让他放弃了电影事业

90. 上文主要想告诉我们什么？
   A 人生充满挑战　　　　　　　B 努力才会有收获
   C 过程比结果更重要　　　　　D 做事不能三心二意

C 87. 这道题目要结合上下文来分析，上文中会长问张震"你是要真练，还是为了演戏学学花架子？"，可见"真练"和"花架子"之间是有相当距离的，下文张震回答"当然是练真的！"，可见他下定决心，要学习真的八极拳，因此可以推断"斩钉截铁"的意思可能是和下决心有关，四个选项中，"形容态度坚决"最符合题意，C正确。

A 88. 根据第四段，"每天清晨，张震都会……认真练习基本功……无论严寒酷暑，他每天都练三个小时，从不间断……也从没想过放弃"，四个选项中，"张震的练拳经历"比较符合题意，A正确。
   第四段没有提到电影是怎么拍摄的，排除B；也没提张震取得什么成就，排除D。练功是为了电影的拍摄，不是为了准备比赛，排除C。

A 89. 从文中可知张震认为"练习八极拳后，我的性格有了很大的改变"，A正确。

B 90. 这是一道**主旨**题。通读全文，张震"无论严寒酷暑，每天都练三个小时，从不间断……也从没想过放弃"，最终获得了全国八极拳比赛一等奖，可见张震付出了努力最终有了收获。文章也在最后点明了主旨："生活就是这样，它看得见所有人的努力，也不会亏待努力付出的人"。四个选项中，"努力才会有收获"符合这一主题，B正确。

三、书写

第一部分

第 91—98 题：完成句子。

例如：发表　这篇论文　什么时候　是　的
  这篇论文是什么时候发表的？

91. 驾驶　疲劳　大　危害

疲劳驾驶危害大。

形容词"疲劳"应该在动词"驾驶"的前面，组成"疲劳驾驶"，"大"用来陈述"危害"，组成"危害大"，造成"危害大"的自然是"疲劳驾驶"。

92. 一幅　山水画　挂着　办公室墙上

办公室墙上挂着一幅山水画。

这是一个存现句。存现句的基本结构之一是：处所+动词性词语+名词性短语。根据所给的词语，"办公室墙上"表示处所，"挂着"是动词，数量词"一幅"用来修饰"山水画"，组成名词性短语"一幅山水画"。

93. 点心　过期了　吧　这些　已经

这些点心已经过期了吧？

这是一个动词谓语句。指示代词"这些"修饰名词"点心"，组成"这些点心"，作句子的主语，动词"过期"作句子的谓语，副词"已经"在"过期"前，作时间状语，因此是"这些点心已经过期了"。语气助词"吧"放在句末，表示不确定的语气？

94. 决定　　会议　　总裁　　取消明天的

总裁决定取消明天的会议。

名词"总裁"作句子的主语，动词"决定"作句子的谓语，所以组成了"总裁决定"。"取消"的对象应该是"会议"，因此是"取消明天的会议"，这个动宾短语又是总裁决定的内容。

95. 倒了　　撞　　垃圾桶　　被小狗

垃圾桶被小狗撞倒了。

这是一个"被"字句。"被"字句的基本结构是：受事主语+"被"+施事宾语+动词+其他成分。根据所给的词语，"垃圾桶"应该是受事主语，因此组成"垃圾桶被小狗"，"倒了"是动词"撞"的结果，作结果补语。

96. 这样　　才能使　　保持　　身体　　平衡

这样才能使身体保持平衡。

根据所给的词语，"平衡"应该是"保持"的结果，组成"保持平衡"，"使"是"让"的意思，根据逻辑，应该是"使身体保持平衡"，怎样使身体保持平衡？指示代词"这样"作句子的主语。

97. 个人财产　　她将　　把　　全部捐给　　社会

她将把个人财产全部捐给社会。

这是一个"把"字句。"把"字句的基本结构是：施事主语+把+受事宾语+动词+其他成分。根据所给的词语，主语是"她"，动词"捐"的受事宾语应该是"个人财产"，因此组成了"她将把个人财产全部捐给"，"捐给"的对象当然是"社会"。

98. 过长　会缩短　电池寿命　手机充电　时间

手机充电时间过长会缩短电池寿命。

这是一个动宾谓语句。根据所给的词语，"缩短"的对象应该是"电池寿命"，因此组成"会缩短电池寿命"，"手机充电"应该和"时间"组合在一起，构成"手机充电时间"。根据逻辑，造成电池寿命缩短的应该是"手机充电时间过长"。

第二部分

第 99—100 题：写短文。

99. 请结合下列词语（要全部使用，顺序不分先后），写一篇80字左右的短文。

发言　材料　全面　表现　激动

这篇短文可以讲述一位新同事的"发言"经历。这位新同事不仅"材料"准备得"全面"，"表现"也很大方，还说了自己的理想，同事们听了后都很"激动"。

参考答案一：

		阿	丽	是	公	司	新	来	的	员	工	。	今	天	，
她	在	全	公	司	的	同	事	面	前	做	了	一	次	发	言：
她	讲	述	了	自	己	进	入	这	个	行	业	的	原	因	，
也	讲	了	自	己	在	新	公	司	的	希	望	和	理	想	，
阿	丽	的	材	料	准	备	得	很	全	面	，	表	现	得	很
大	方	，	大	家	听	了	以	后	都	很	激	动	。		

这篇短文还可以讨论如何准备一次成功的"发言"。从"全面"准备"发言""材料",到上场表现不能太"激动",都可以好好研究一下儿。

参考答案二:

　　怎样才能做一次成功的发言呢?首先材料要准备得充分全面。其次你需要把这些材料全记到脑子里,一遍遍地大声练习,直到不看稿子也能流利地说出口。发言的时候不用表现得太激动,自然地开口说话就行了。

100. 请结合这张图片写一篇80字左右的短文。

图上有一男一女,男的站得离我们稍远一些,女跪在地上,离我们很近。地上堆着大大小小的纸箱子,这两个人都在低头整理。男的在搬箱子,女的正在用纸把盘子包装起来,打算放进箱子里。

参考答案一:

这两个人是一对年轻夫妇,他们一起整理东西,正在搬家。

		今	天	是	小	唐	和	妻	子	小	希	搬	家	的	日
子	。	他	们	忙	了	一	天	,	还	找	了	搬	家	公	司
帮	忙	,	总	算	把	所	有	东	西	都	搬	到	了	新	房
子	里	。	这	俩	人	一	个	整	理	箱	子	,	一	个	整
理	盘	子	和	碗	,	他	们	实	在	不	明	白	,	东	西
为	什	么	越	收	拾	越	多	?							

参考答案二：

买房子？太贵。租房子？经常搬家太麻烦。生活在大城市，真是不容易。

　　生活在大城市，你是愿意买房子，还是愿意租房子呢？房价一天比一天高，大家嘴上喊着买不起，却还是很关心住房问题。买房子？太贵。租房子？经常搬家太麻烦。就连思考这个问题，都觉得太矛盾。

汉语水平考试 HSK（五级）答题卡

——请填写考生信息——　　　　　　　　——请填写考点信息——

按照考试证件上的姓名填写：

姓名

如果有中文姓名，请填写：

中文姓名

考生序号　[0][1][2][3][4][5][6][7][8][9]
　　　　　[0][1][2][3][4][5][6][7][8][9]
　　　　　[0][1][2][3][4][5][6][7][8][9]
　　　　　[0][1][2][3][4][5][6][7][8][9]
　　　　　[0][1][2][3][4][5][6][7][8][9]

考点代码　[0][1][2][3][4][5][6][7][8][9]
　　　　　[0][1][2][3][4][5][6][7][8][9]
　　　　　[0][1][2][3][4][5][6][7][8][9]
　　　　　[0][1][2][3][4][5][6][7][8][9]
　　　　　[0][1][2][3][4][5][6][7][8][9]
　　　　　[0][1][2][3][4][5][6][7][8][9]
　　　　　[0][1][2][3][4][5][6][7][8][9]

国籍　[0][1][2][3][4][5][6][7][8][9]
　　　[0][1][2][3][4][5][6][7][8][9]
　　　[0][1][2][3][4][5][6][7][8][9]

年龄　[0][1][2][3][4][5][6][7][8][9]
　　　[0][1][2][3][4][5][6][7][8][9]

性别　　男　[1]　　女　[2]

注意　请用2B铅笔这样写：■

一、听力

1. [A] [B] [C] [D]　　6. [A] [B] [C] [D]　　11. [A] [B] [C] [D]　　16. [A] [B] [C] [D]　　21. [A] [B] [C] [D]
2. [A] [B] [C] [D]　　7. [A] [B] [C] [D]　　12. [A] [B] [C] [D]　　17. [A] [B] [C] [D]　　22. [A] [B] [C] [D]
3. [A] [B] [C] [D]　　8. [A] [B] [C] [D]　　13. [A] [B] [C] [D]　　18. [A] [B] [C] [D]　　23. [A] [B] [C] [D]
4. [A] [B] [C] [D]　　9. [A] [B] [C] [D]　　14. [A] [B] [C] [D]　　19. [A] [B] [C] [D]　　24. [A] [B] [C] [D]
5. [A] [B] [C] [D]　　10. [A] [B] [C] [D]　　15. [A] [B] [C] [D]　　20. [A] [B] [C] [D]　　25. [A] [B] [C] [D]

26. [A] [B] [C] [D]　　31. [A] [B] [C] [D]　　36. [A] [B] [C] [D]　　41. [A] [B] [C] [D]
27. [A] [B] [C] [D]　　32. [A] [B] [C] [D]　　37. [A] [B] [C] [D]　　42. [A] [B] [C] [D]
28. [A] [B] [C] [D]　　33. [A] [B] [C] [D]　　38. [A] [B] [C] [D]　　43. [A] [B] [C] [D]
29. [A] [B] [C] [D]　　34. [A] [B] [C] [D]　　39. [A] [B] [C] [D]　　44. [A] [B] [C] [D]
30. [A] [B] [C] [D]　　35. [A] [B] [C] [D]　　40. [A] [B] [C] [D]　　45. [A] [B] [C] [D]

二、阅读

46. [A] [B] [C] [D]　　51. [A] [B] [C] [D]　　56. [A] [B] [C] [D]　　61. [A] [B] [C] [D]　　66. [A] [B] [C] [D]
47. [A] [B] [C] [D]　　52. [A] [B] [C] [D]　　57. [A] [B] [C] [D]　　62. [A] [B] [C] [D]　　67. [A] [B] [C] [D]
48. [A] [B] [C] [D]　　53. [A] [B] [C] [D]　　58. [A] [B] [C] [D]　　63. [A] [B] [C] [D]　　68. [A] [B] [C] [D]
49. [A] [B] [C] [D]　　54. [A] [B] [C] [D]　　59. [A] [B] [C] [D]　　64. [A] [B] [C] [D]　　69. [A] [B] [C] [D]
50. [A] [B] [C] [D]　　55. [A] [B] [C] [D]　　60. [A] [B] [C] [D]　　65. [A] [B] [C] [D]　　70. [A] [B] [C] [D]

71. [A] [B] [C] [D]　　76. [A] [B] [C] [D]　　81. [A] [B] [C] [D]　　86. [A] [B] [C] [D]
72. [A] [B] [C] [D]　　77. [A] [B] [C] [D]　　82. [A] [B] [C] [D]　　87. [A] [B] [C] [D]
73. [A] [B] [C] [D]　　78. [A] [B] [C] [D]　　83. [A] [B] [C] [D]　　88. [A] [B] [C] [D]
74. [A] [B] [C] [D]　　79. [A] [B] [C] [D]　　84. [A] [B] [C] [D]　　89. [A] [B] [C] [D]
75. [A] [B] [C] [D]　　80. [A] [B] [C] [D]　　85. [A] [B] [C] [D]　　90. [A] [B] [C] [D]

三、书写

91.

92.

93.

94.

不要写到框线以外！　　　　95-100题接背面

汉语水平考试 HSK（五级）答题卡

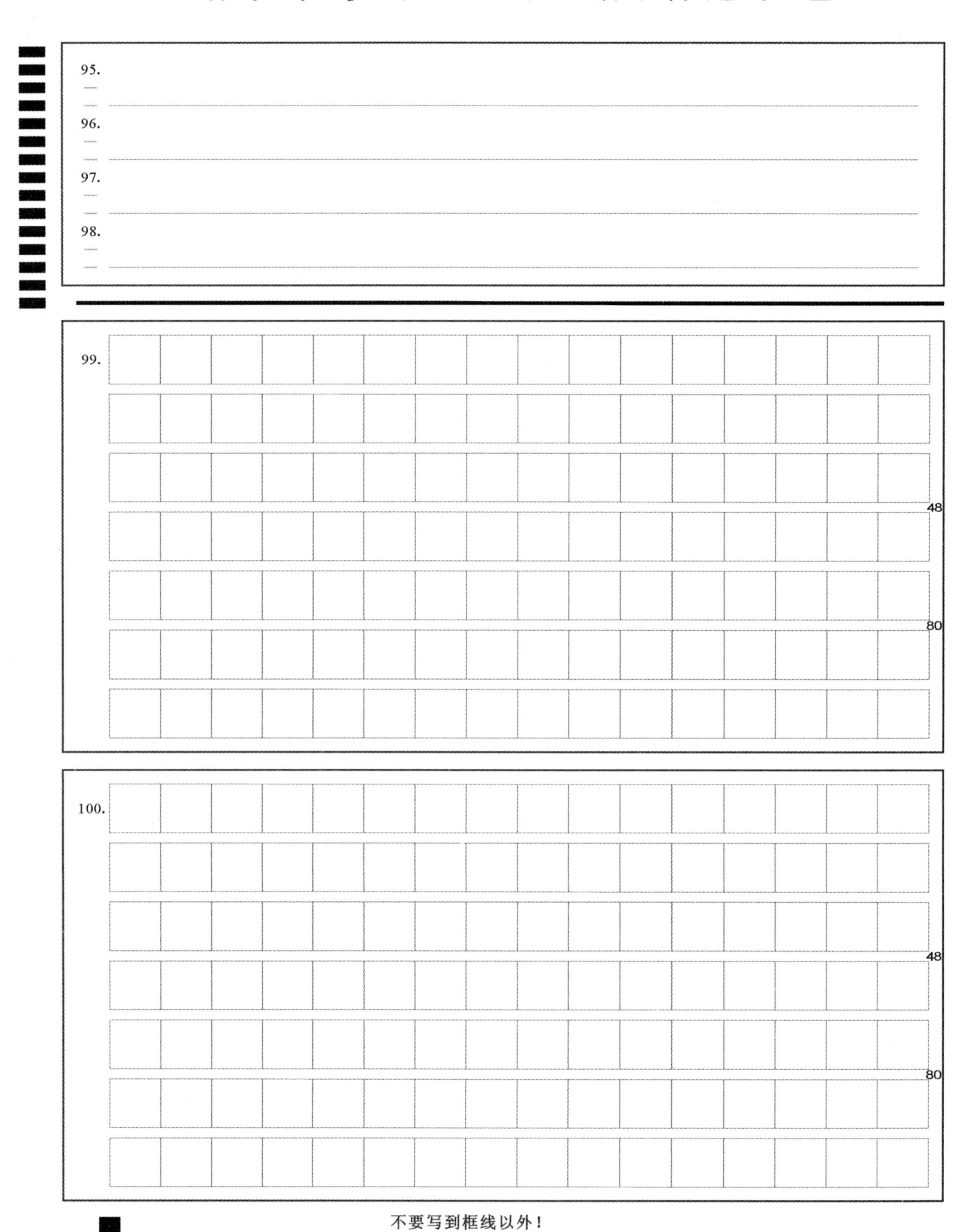

95.

96.

97.

98.

99.

100.

不要写到框线以外！